Álcool e drogas na adolescência

Um guia para pais e professores

CB000017

Proibida a reprodução total ou parcial em qualquer mídia
sem a autorização escrita da editora.
Os infratores estão sujeitos às penas da lei.

A Editora não é responsável pelo conteúdo da Obra,
com o qual não necessariamente concorda. Os Autores conhecem os fatos narrados,
pelos quais são responsáveis, assim como se responsabilizam pelos juízos emitidos.

Consulte nosso catálogo completo e últimos lançamentos em **www.editoracontexto.com.br**.

Álcool e drogas na adolescência
Um guia para pais e professores

Ilana Pinsky
Cesar Pazinatto

Colaboração
Maria Estela B. Zanini

editoracontexto

Copyright © 2014 dos Autores

Todos os direitos desta edição reservados à
Editora Contexto (Editora Pinsky Ltda.)

Capa
Thomás Coutinho

Montagem de capa e diagramação
Gustavo S. Vilas Boas

Preparação de textos
Lilian Aquino

Revisão
Mayara Cristina Zucheli

Dados Internacionais de Catalogação na Publicação (CIP)
(Câmara Brasileira do Livro, SP, Brasil)

Pinsky, Ilana
      Álcool e drogas na adolescência / Ilana Pinsky, Cesar
Pazinatto. – São Paulo : Contexto, 2014.

      Bibliografia.
      ISBN 978-85-7244-878-9

      1. Adolescentes – Conduta de vida 2. Adolescentes – Uso de
álcool 3. Adolescentes – Uso de drogas 4. Alcoolismo – Prevenção 5.
Drogas – Abuso – Aspectos sociais 6. Drogas – Abuso – Prevenção 7.
Psicologia do adolescente I. Título.

14-09029   CDD-362.29
Índice para catálogo sistemático:
1. Adolescentes : Uso de álcool e drogas : Prevenção : Problemas sociais 362.29

2014

EDITORA CONTEXTO
Diretor editorial: *Jaime Pinsky*

Rua Dr. José Elias, 520 – Alto da Lapa
05083-030 – São Paulo – SP
PABX: (11) 3832 5838
contexto@editoracontexto.com.br
www.editoracontexto.com.br

SUMÁRIO

INICIANDO
A CONVERSA

Não há uma definição única para o período de vida que chamamos de "adolescência". As demarcações dependem de vários fatores, incluindo (com destaque) os socioeconômicos. Porém, para qualquer um de nós com alguma vivência mais próxima no assunto, pais, professores, profissionais de saúde, é quase uma unanimidade a percepção de que o período tem se alongado nos últimos anos. E com esse aumento, as questões típicas da fase podem se tornar ainda mais intensas, tanto para os pais e professores quanto para o próprio adolescente.

De maneira geral, considera-se que a adolescência se inicia com o princípio da puberdade, que, no caso das meninas, tem ocorrido por volta dos 10 anos. Já o final da adolescência teria relação não só com a chegada da maioridade civil (18 anos no Brasil), mas com uma série de acontecimentos e atitudes que atestariam um salto na real independência do indivíduo – emprego estável e autossuficiente, relacionamentos mais firmes, maior responsabilidade na tomada de decisões próprias. Assim, é fácil reconhecer nossos adolescentes de 23, 24 anos...

De qualquer forma, a primeira fase da adolescência abarcaria as idades de 10-14 anos. Nessa época ocorre a puberdade, com muitas mudanças no corpo (altura, peso, distribuição de gordura corporal, tom da voz, hormônios e mais hormônios), particularmente no caso das meninas, que frequentemente terminam esse período parecendo – mas apenas parecendo – verdadeiras mulheres. Além das radicais mudanças físicas, são bastante evidentes também as mudanças cognitivas, como a maior capacidade de pensamento abstrato, desenvolvimento do pensamento moral e as mudanças sociais e emocionais, tais como a preocupação central de se enquadrar em um grupo, a percepção mais clara das imperfeições dos pais e o início do afastamento deles, até por conta da necessidade de o adolescente formar uma identidade própria.

A segunda fase da adolescência inclui o período dos 15-19 anos. No caso dos meninos, as mudanças corporais ainda são bem importantes, muitos realmente "esticam" e ficam mais altos que as meninas. Do ponto de vista cognitivo, há uma maior possibilidade (mas longe de estar concluída) de fazer planos futuros e pensar além das questões puramente imediatas. Do ponto de vista emocional e social, os amigos geralmente têm seu papel ampliado e a vida afetiva, com direito a namoro, paixão e sexo, começa a entrar em pauta. Aqui no Brasil esse é um período bastante exigente porque se espera que o adolescente decida seu futuro profissional e tenha capacidade e maturidade para lidar com uma série de fatores significativos (vestibular, estágios, trabalho) e com um maior grau de independência (permissão para dirigir e votar, maior independência para ir e vir, assumir as consequências de seus erros e acertos).

A chegada dos 18 anos marca a maioridade civil, porém grande parte dos jovens ainda pode ser considerada adolescente, pois fatores essenciais para uma vida mais autônoma e, portanto, adulta, ainda estão em desenvolvimento. Assim, uma noção mais clara de quem se é (identidade), incluindo a identidade sexual; uma avaliação mais balanceada da influência do grupo de amigos, abarcando maior tolerância de diferenças entre seus membros, a básica habilidade de esperar para obter gratificação, de suportar frustração, de reduzir a impulsividade – essas características ainda demoram a ser plenamente alcançadas (quando são, é claro!).

Geralmente pensamos em adolescentes como indivíduos saudáveis. No entanto, a juventude, incluindo a adolescência, é uma época de grandes mudanças no estado geral de saúde e uma fase essencial para o desenvolvimento de determinantes que assegurem ou não a saúde futura do indivíduo.

Além dos fatores individuais, outras questões têm papel fundamental no bem-estar dos jovens. Por exemplo, o investimento feito pelo país (questões políticas e econômicas) para proporcionar melhor nível educacional a seus jovens tem consequências claras para a criação de possibilidades, como futuros empregos e assistência à saúde. Ao mesmo tempo, essa é também uma estratégia importante para a conscientização individual de como cuidar da própria saúde (melhores noções sobre alimentação saudável e prática de esportes, maior acesso a informações sobre os prejuízos do consumo de diversas substâncias e como se tratar se necessário).

A família tem um papel fundamental nesse processo, desde os cuidados durante a gestação, a situação econômico-cultural que apresenta, o estado de saúde mental dos familiares, até a proximidade com o filho, o direcionamento educacional, a visão pessoal dos pais sobre diversas questões, incluindo o consumo de drogas e álcool.

Neste livro pensamos na adolescência como o alicerce para a saúde futura. E é desse ponto de vista que trazemos informações e reflexões sobre como lidar com a questão das drogas com os jovens.

Comportamentos associados à saúde que se iniciam na adolescência contribuem para a verdadeira epidemia que existe atualmente das doenças não transmissíveis (DNT) – doenças cardiovasculares, diabetes, cânceres, doenças respiratórias – nos adultos. Mais precisamente, pesquisas atuais apontam que o consumo de álcool e o de tabaco – que começam, quase sempre, na adolescência – lidera, junto com a pressão alta, os principais fatores mundiais que levam à morte prematura e à incapacidade de trabalhar e de ter uma vida produtiva. Apenas esse dado já mostra a importância de se entender a situação e agir nessa fase da vida.

Nós, os autores, somos pais de adolescentes. Chegamos, por diferentes caminhos de vida e experiência profissional, a trabalhar com adolescentes e drogas. Temos em comum uma visão do assunto baseada tanto na realidade com que lidamos diariamente quanto na ciência. Assim, mostramos resultados de pesquisas recentes que fogem do lugar comum e do "achismo".

Pensamos este livro direcionado, principalmente, para pais (ou outros parentes cuidadores) e professores que precisam de instrumentos para trabalhar com respeito e responsabilidade nesse momento tão importante da vida de seus adolescentes. Assim, além das questões que propomos na primeira parte – ótimas para iniciar ou retomar uma conversa com filhos e alunos –, elaboramos uma série de atividades para serem trabalhadas em sala de aula.

É importante deixar claro aos leitores desde já que consideramos o consumo de álcool e outras drogas pelo adolescente sempre um comportamento arriscado. Como esclareceremos em detalhes a seguir, o cérebro do adolescente, ainda em formação, é mais sensível do que o do adulto em relação ao uso de substâncias psicotrópicas – as marcas na vida do adolescente são potencialmente mais impactantes e arrasadoras. Como, no entanto, há vários contornos para a questão (incluindo vários tipos de drogas, várias situações, vários níveis de consumo) e há várias famílias, existem também vários "depende" para se levar em conta. Acreditamos que a proximidade e o diálogo entre pais e filhos e entre professores e alunos são ferramentas fundamentais e devem ser utilizadas sem parcimônia. Ao mesmo tempo, devem andar lado a lado dos limites bem estabelecidos e coerentes no lidar com adolescentes, tudo baseado em muita informação (todos que lidam com os adolescentes sabem de seu característico questionamento, que exige dados corretos para se dialogar). Dessa maneira, embasaremos nossas reflexões na ciência mais atualizada que existe, que vem de nossa dupla formação de cuidadores (Psicologia clínica, Educação) e pesquisadores.

Algumas definições se fazem necessárias: em todo o livro, quando utilizarmos o termo "drogas" ou "substâncias psicotrópicas", incluímos tanto drogas legais (como álcool e tabaco – embora ambos sejam ilegais para menores de 18 anos) quanto drogas ilegais (como maconha, cocaína, ecstasy) e medicações com consumo abusivo e/ou sem receita médica (ansiolíticos, indutores do sono, anfetaminas relacionadas ao emagrecimento, anabolizantes etc.). Por sua importância e especificidade, vamos falar de algumas dessas drogas separadamente – nestes casos daremos os nomes particulares da substância.

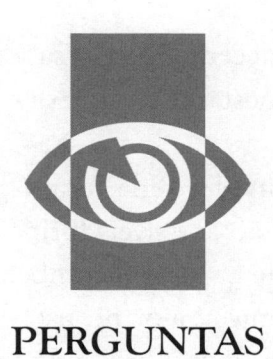

PERGUNTAS

1.
POR QUE OS ADOLESCENTES USAM DROGAS?

Essa é provavelmente a pergunta mais comum que os especialistas na área ouvem, tanto de pais preocupados como de jornalistas. A questão traduz a angústia da não compreensão do comportamento dos adolescentes, a realidade de um lado de nossos filhos que não (re)conhecemos e não sabemos acessar. Evidentemente, a questão é complexa e as razões podem ser múltiplas.

A resposta simples seria: usam porque as drogas existem, porque são acessíveis (principalmente tabaco e álcool) e porque os amigos também experimentam. Já um envolvimento maior no uso dependeria de vários outros fatores, que cobriremos nas questões 5 e 6.

Mas o desenvolvimento do sistema nervoso nos dá dicas preciosas sobre o assunto. O cérebro humano apenas se desenvolve inteiramente por volta dos 20 e poucos anos. A área do córtex pré-frontal, responsável pelo planejamento, habilidade de tomar decisões informadas, autopercepção e controle da impulsividade (chamadas de funções executivas) é a que leva mais tempo para completar seu desenvolvimento. Por outro lado, a área cerebral que governa o sistema de recompensa, o apetite e o comportamento de busca do prazer, se desenvolve muito antes. Pesquisas mostram que a maior disparidade no desenvolvimento desses dois sistemas ocorre entre a primeira e a segunda fase da adolescência.

Qual a consequência disso para os adolescentes? Nesse cenário, comportamentos frequentemente guiados pelas emoções e por recompensas imediatas serão favorecidos em detrimento daqueles norteados por decisões mais racionais. A mesma disponibilidade de correr riscos e apostar em novas experiências pode significar uma mente mais aberta e criativa que a dos adultos ou o envolvimento em situações de grande risco e consequência prejudiciais, como o consumo de drogas.

O truque é encontrar maneiras de apoiar e encorajar os adolescentes a serem espontâneos e curiosos sem se exporem a tantos perigos. Não sendo mais crianças, temos que olhar para nossos adolescentes como pessoas capazes de possuir opiniões próprias e aprender a encorajá-los, ou ao menos respeitá-los. Isso não é equivalente, no entanto, a dar carta branca para decisões claramente arriscadas e nos poupar de entrar em conflito quando necessário.

2.
QUEM USA MAIS DROGAS: MENINOS OU MENINAS?

Historicamente, têm existido diferenças em várias fases do consumo de drogas entre homens e mulheres. As mulheres tendem a iniciar o uso em doses mais baixas do que os homens, mas o processo de desenvolvimento da dependência é mais curto no sexo feminino e elas têm um risco maior de recair após passarem por um período de abstinência. Os homens sempre consumiram mais drogas (legais e ilegais) do que as mulheres. Os índices costumavam ser maiores para as mulheres unicamente no que dizia respeito a certas medicações (com ou sem prescrição): ansiolíticos (os famosos "calmantes") e anfetaminas (usadas para regimes de emagrecimento).

As últimas pesquisas brasileiras mostram que a diferença no consumo de várias drogas está se estreitando entre os sexos, particularmente nas faixas mais jovens. Em 2012, uma pesquisa do IBGE (Pesquisa Nacional de Saúde do Escolar – Pense) com estudantes do 9º ano verificou que as meninas fumam tabaco na mesma proporção que os meninos (cerca de 5% no último mês) e bebem na mesma frequência que os garotos (um pouco mais de um quarto afirmaram ter bebido nos últimos trinta dias). Apenas os índices de consumo de drogas ilegais (maconha, cocaína) foram um pouco mais altos para os meninos em comparação com as garotas.

Em outra pesquisa recente, o Lenad (Levantamento Nacional de Álcool e Drogas) da Unifesp verificou que o consumo regular e o binge (nome utilizado no meio científico para a famosa "bebedeira", definido como, ao menos, cinco doses de álcool para meninos e quatro doses para meninas em cerca de duas horas) realizado pelas meninas aumentou, o que não se constatou com os meninos. Essa tendência se confirmou nas faixas etárias mais velhas – as mulheres a partir de 18 anos – apresentaram um aumento proporcional de consumo regular e de episódios de binge maior do que o dos homens, embora eles ainda bebam mais do que elas. Ou seja, o sexo feminino tem aumentado seu consumo de álcool.

As diferenças de consumo têm a ver com uma série de características historicamente distintas entre os sexos: mulheres tendem a se arriscar menos, não se expor tanto ao que consideram perigoso, são mais afetadas por estereótipos sobre o papel feminino na sociedade (ter autocontrole, serem "dóceis", serem mães – certamente não associados, tradicionalmente, com usuárias de drogas). As mulheres também eram menos independentes financeira e socialmente. Com as rápidas mudanças das últimas décadas, elas ganharam muito em independência, em poder, mas também apresentaram alguns hábitos não necessariamente positivos "herdados" dos homens, como o aumento do consumo de substâncias psicotrópicas.

Um alerta importante é que, em média, o corpo das mulheres reage pior ao consumo dessas substâncias. Assim, as mulheres tendem a ter problemas físicos e a desenvolver dependência após um tempo menor de consumo se comparado com os homens. No caso de algumas drogas, como o tabaco e a cocaína, uma vez que a dependência se instala, as mulheres têm mais dificuldade para parar o uso do que os homens. Uma parte dessas diferenças tem relação com fatores biológicos distintos entre os gêneros. Assim, por exemplo, as mulheres metabolizam o álcool de maneira diferente dos homens (daí as consequências médicas do consumo crônico mais severas nelas) e os hormônios relacionados à menstruação dificultam a parar de fumar (tornando o processo mais sofrido para elas).

3.
GOSTARIA DE CONVERSAR COM MEU FILHO SOBRE O USO DE DROGAS. QUAL A MELHOR MANEIRA DE ABORDAR O ASSUNTO?

Antes de qualquer coisa, tenha em mente que quando o assunto é drogas, os pais nunca são a única fonte de informação, portanto a melhor coisa é informar-se bem sobre o tema (porque seu filho com certeza já o fez). Procure fontes seguras e confiáveis para não perder a oportunidade quando ela aparecer.

Normalmente não funciona muito bem marcar dia e hora para essa conversa. Tornar esse tipo de bate-papo uma solenidade só faz com que o jovem se coloque na defensiva e fale apenas o que gostaríamos de ouvir.

Pequenos momentos que surgem a partir de uma imagem, de um filme, novela e até mesmo de uma história familiar ajudam a entrar no assunto de maneira mais natural e produtiva.

Conversas muito longas devem ser evitadas. É importante que a medida seja sempre o nível de interesse ou curiosidade do adolescente. Ele ainda está fazendo perguntas e trocando ideias ou está com cara de paisagem? Esse tipo de pergunta você deve se fazer durante a conversa com seu filho.

As abordagens precisam ser adaptadas às faixas etárias, mesmo sabendo que hoje o acesso à informação é muito grande e desde muito cedo as crianças e os adolescentes ouvem falar sobre drogas.

Até os 10 anos, a criança se contenta com explicações mais superficiais. Pelo nível de concentração (ainda pequeno) e vivência (em geral, observam apenas familiares consumindo drogas legais) da criança, os papos devem ser curtos e voltados mais às bebidas alcoólicas e ao tabaco. Perguntas eventuais sobre outras drogas devem ser respondidas, mas sem grandes discursos. Depois disso, é importante ter condições de se aprofundar um pouco mais.

Acima dos 13 anos, possivelmente você estará conversando com quem já "visitou" a ideia da experimentação ou até já teve as primeiras experiências com drogas, principalmente álcool e tabaco.

A pesquisa Pense de 2012 do IBGE mostra que metade dos jovens matriculados no 9º ano já havia experimentado algum tipo de bebida alcoólica, pouco menos que um quarto desse mesmo grupo já havia experimentado tabaco e 7% drogas ilegais, como maconha.

Mas não entre em pânico. Evite falas alarmistas precedidas de algum caso "clássico" do jovem que experimentou uma vez e continuou usando até ficar largado na rua como um zumbi, preso ou internado em uma clínica de recuperação. O motivo é simples: elas não espelham a realidade geral e nem são tão eficientes para prevenir o uso como já se imaginou em décadas passadas. Além disso, é possível que entre os amigos de seu filho já existam usuários ocasionais. Quando ele confronta seu discurso "assustador" com evidências não tão pavorosas assim, a desconfiança se instala. É bom saber que experimentação não costuma significar caminho sem volta para a dependência de drogas. Apenas uma minoria vai enfrentar problemas sérios.

Atualmente, boas estratégias de prevenção questionam a visão superestimada de consumo que os jovens costumam ter. Não, não é verdade que "todo mundo bebe". Os pais precisam saber que, sim, há uma quantidade significativa de jovens que usam drogas, mas na conversa com os filhos, o que se deve debater são os *altos níveis de não consumo*. Dessa forma, por exemplo, a grande maioria dos jovens não usa frequentemente (no caso do álcool) e relativamente poucos experimentaram (no caso da maconha). Essa maneira de enquadrar a questão vai ser útil para o jovem, que tem a tendência de achar que deve repetir as regras do grupo ao qual pertence ou quer pertencer. Há atualmente várias pesquisas brasileiras sobre a incidência de consumo entre os adolescentes, divulgadas amplamente (veja o Pense, os estudos do Centro Brasileiro de Informações Sobre Drogas – Cebrid e o Lenad). No final do livro, você vai encontrar uma lista de sites e livros que podem ajudá-lo a se preparar para a conversa.

Por fim, um exemplo (o adolescente é muito sensível ao que vê nos pais, tanto em termos de comportamento, como no que se refere aos valores e princípios), o diálogo (é tão importante procurar nossos filhos para conversas eventuais como manter um canal sempre aberto para quando eles quiserem/precisarem se aproximar) e o carinho complementam uma boa estratégia para abordar com seu filho as consequências do uso e abuso de drogas.

4.
QUAIS SÃO OS INDÍCIOS DE QUE UM JOVEM ESTÁ "PAQUERANDO" OU INICIANDO O USO DE DROGAS?

São muitos os sinais. Os prenúncios de uma "paquera" se reproduzem, por exemplo, em discursos favoráveis ao uso ou a notícias sobre os benefícios de determinada droga. Enaltecer artistas ou celebridades sabidamente usuários de drogas também costuma fazer parte.

O adolescente mostra com frequência suas opiniões sobre um determinado assunto questionando-o e o que mais espera são opiniões e respostas que concordem com o que ele pensa. Se o adulto não tem uma posição clara ou mesmo não tem opinião, o jovem se sente respaldado em sua própria.

Ao dar seu posicionamento, muitas vezes, o jovem está preparando o terreno para admitir o uso ou que está tentado a experimentar. É bom lembrar que o "paquerar" entre adolescentes pode envolver algumas "ficadas" – isso vale também no caso das drogas.

Em relação ao início do uso, embora dependa do tipo de droga e varie de acordo com o envolvimento e com a personalidade de cada adolescente, a princípio, podem-se apontar alguns indícios clássicos.

Mudanças de comportamento (como o desinteresse por atividades, *hobbies* ou esportes que eram importantes para o adolescente até então), alterações radicais no grupo de amigos, queda de rendimento escolar, início ou aumento no relato de mentiras, mudança de humor constante (incluindo irritabilidade e nervosismo), agitação ou letargia frequentes, falta de motivação geral, afastamento repentino na intimidade com pais e outros parentes, mudanças no apetite ou sono (para muito mais ou muito menos) e outras situações que fogem do habitual, podem e devem ser observadas mais de perto pela família ou responsáveis. É claro que muitas dessas características podem coincidir com o desenvolvimento da adolescência em si, mas é aí que a intimidade, que já deve ter sido desenvolvida na relação com seu filho, vai ajudar a diferenciar as situações.

Os pais podem achar que não, mas ainda exercem muita influência nos filhos adolescentes. Uma pesquisa recente aponta também que, no que diz respeito ao consumo de drogas pelos adolescentes, até o estilo parental dos pais dos amigos desses jovens (variáveis como conhecimento que esses pais têm da rotina dos filhos e como agem em relação à disciplina) influencia o consumo de álcool, tabaco e maconha! Ou seja, frequentar a casa de amigos onde o consumo de drogas é tolerado pelos pais deles pode estimular o consumo dos nossos filhos.

O que aumenta nesse período de vida é a influência de outros grupos fora da família, principalmente dos amigos – mudança, por sinal, essencial para o desenvolvimento do futuro adulto.

Resumindo: saber reconhecer os sinais de "namoro" com as drogas ou seus usos iniciais depende, em grande parte, do diálogo estabelecido entre pais e filhos e do conhecimento que os pais têm de seus filhos, que resulta de investimentos emocionais feitos desde a infância.

5.
QUAL É A DIFERENÇA ENTRE
USO E DEPENDÊNCIA DE DROGAS?

Há vários estágios possíveis no consumo de drogas entre o início do uso até a dependência. A grande maioria das pessoas para nos estágios iniciais, seja qual for a droga. Podemos resumir da seguinte maneira:

— *Uso experimental*: é o uso inicial, voluntário, eventual, frequentemente com amigos, às vezes para lidar com alguma dificuldade (ansiedade, depressão, tédio), mas muitas vezes apenas reflexo de curiosidade e/ou vontade de seguir o que os amigos estão fazendo.

— *Uso regular*: passa a ser um consumo mais frequente, com certa repetição na vida do jovem. A quantidade, a frequência e as situações em que se desenvolve são aspectos importantes a serem considerados. Um consumo mensal é tipicamente menos prejudicial do que aquele realizado em todos os finais de semana, por exemplo. Por outro lado, uma bebedeira "regular" todos os meses é um indício de um consumo que pode ter uma série de consequências negativas. Muitas pessoas ficarão para sempre nesse estágio. Os problemas, quando ocorrem, tendem a ser "agudos", resultados de comportamentos arriscados, como os descritos anteriormente.

— *Uso problemático/abuso*: há uma cronicidade maior dos problemas relacionados ao consumo. O uso continua apesar de o indivíduo experimentar problemas sociais, familiares ou até físicos. A pessoa começa a não cumprir com algumas de suas obrigações (por exemplo: ir para a escola, preparar-se para provas, participar de campeonatos) em decorrência de seu consumo.

— *Dependência*: fora o caso do tabaco (e do crack, no caso de jovens em ambientes muito desfavoráveis), a dependência raramente ocorre na adolescência porque é necessário tempo para se instalar na vida de um indivíduo. A dependência de drogas é um problema crônico, que afeta o cérebro e se caracteriza por um uso compulsivo da substância psicotrópica, apesar de o indivíduo ter uma série de perdas e consequências negativas do consumo. Considera-se uma doença do cérebro porque, neste ponto da trajetória de consumo, as drogas mudam a estrutura e a maneira como o cérebro funciona. As características básicas da dependência incluem: inabilidade para reduzir ou parar o consumo da droga; consumo em quantidades maiores do que intencionado (a chamada "falta de controle"); muito tempo gasto em atividades para obtenção da droga (e às vezes, para se recuperar do uso); uso continuado apesar do conhecimento de problemas em várias áreas da vida (social, saúde, familiar, trabalho) causados pelo consumo da droga.

Há uma larga variação na "taxa de captura" (percentagem dos usuários que se tornam dependentes) das diversas drogas. Para se ter uma ideia, o tabaco é a droga com a maior taxa de captura, com cerca de dois terços dos usuários iniciais se tornando dependentes. As bebidas alcoólicas e a cocaína têm taxas semelhantes entre si, na medida em que aproximadamente 15% dos que experimentam tornam-se dependentes no decorrer dos anos (mas é importante levar em conta que a quantidade dos que iniciam o uso de álcool é muitas vezes superior a dos que experimentam cocaína e derivados). A maconha vem por último (mas vem, ao contrário dos que dizem que maconha não causa dependência!) com cerca de 9% dos usuários tornando-se dependentes. Na maior parte das vezes, a transição entre uso e dependência demora anos, mas quando se desenvolve, o processo é mais rápido no que diz respeito à maconha e cocaína do que ao tabaco ou álcool.

6.
POR QUE ALGUMAS PESSOAS DESENVOLVEM DEPENDÊNCIA E OUTRAS NÃO?

Essa é uma daquelas perguntas de "um milhão de dólares". Seria ótimo se soubéssemos com absoluta certeza diferenciar o que faz uma pessoa se afundar, por exemplo, no consumo de álcool e tantas outras usarem apenas eventualmente. Mesmo que ainda não exista uma resposta definitiva, temos várias hipóteses – que é como a ciência trabalha – para pensarmos essa questão. Quanto maior for a quantidade de fatores de risco que um indivíduo tem, maior será o risco de que ele desenvolva dependência se iniciar o consumo de drogas.

O risco para desenvolver dependência é influenciado por fatores que incluem:

— a **biologia** de um determinado indivíduo: os genes dão conta de metade da vulnerabilidade para o desenvolvimento da dependência (aqui estão incluídos fatores como gênero, histórico familiar e outros diagnósticos psiquiátricos fora a dependência química, como transtorno de déficit de atenção, transtorno de conduta e depressão). Assim, pessoas com histórico de dependência na família (particularmente de familiares próximos), uma vez iniciado o consumo, têm maior probabilidade de desenvolver dependência se comparados com indivíduos sem esse histórico familiar. Pertencer ao sexo masculino também aumenta a possibilidade de desenvolver problemas com a maioria das drogas.

— o **ambiente**: incluem influências que vão da educação recebida pelos pais até situação socioeconômica, qualidade de vida, abusos físicos e sexuais sofridos, facilidade de obtenção da droga, publicidade (das drogas legais, é claro).

— o **temperamento**: também denominado de "características de personalidade", são traços como altos níveis de tomada de risco, de busca de sensações e impulsividade (além dos níveis já esperados entre adolescentes) têm importante relação com o uso nocivo do álcool e outras drogas.

— o **desenvolvimento**: embora o consumo de drogas em qualquer idade possa ter como consequência o desenvolvimento da dependência, quanto mais cedo esse consumo (incluindo álcool e tabaco) se iniciar, maior é a chance do desenvolvimento de problemas e da progressão para a dependência. Um estudo descobriu que o nível de risco de desenvolver dependência é reduzido de 40% para indivíduos que começam a beber com alguma frequência aos 14 anos, para 10% entre aqueles que iniciam o uso aos 20 anos ou mais.

Há outras questões – relacionadas às descritas anteriormente – que podem influenciar o desenvolvimento da dependência de drogas em um determinado indivíduo. Por exemplo, o modo como determinada droga afeta os processos físicos e altera o comportamento de cada pessoa: algumas têm o batimento cardíaco acelerado, outras têm a temperatura corporal elevada, e isso pode ser mais ou menos agradável dependendo de cada indivíduo; alguns ficam mais "soltos", mais abertos a novas experiências, e isso pode gerar ou não certo incômodo para a pessoa. Além disso, a resposta aos diferentes tipos de drogas pode variar em intensidade (há pessoas com maior ou menor sensibilidade a cada uma delas), no tipo de efeito (há drogas estimulantes, depressoras e perturbadoras do sistema nervoso central), e em tempo de duração do efeito. Tudo isso vai influenciar como determinada droga faz o indivíduo se sentir (alguns gostam muito, outros se assustam, por exemplo), e impactar tanto sobre a continuidade do uso quanto à vontade de experimentar outras substâncias psicotrópicas.

7.
QUAL É O MELHOR TRATAMENTO PARA DEPENDÊNCIA DE DROGAS?

Aqui funciona a velha máxima de que cada caso precisa ser avaliado individualmente. Isso porque há vários tipos de tratamento para a dependência de substâncias psicotrópicas, por isso não há um único que seja o mais apropriado para todos. Infelizmente, também existem muitos tratamentos ruins e inadequados e profissionais pouco treinados e despreparados. Mas com as boas opções existentes, diferentes pacientes e famílias, em diversos momentos do consumo de substâncias, têm maior chance de se adaptar aos tratamentos oferecidos. Com frequência, o ideal é a utilização de uma série de estratégias concomitantemente.

Deve-se levar em conta alguns dos princípios dos tratamentos considerados efetivos pelo Nida (National Institute on Drug Abuse) e que valem tanto para dependentes adultos como para jovens. Incluem:

— o tratamento deve se direcionar para as várias necessidades (sociais, profissionais, familiares, emocionais) do paciente, não apenas para o consumo de drogas. É importante destacar aqui que, frequentemente, dependentes de drogas apresentam comorbidades (ou seja, outros diagnósticos psiquiátricos, como depressão, ansiedade, transtornos de personalidade, déficit de atenção e hiperatividade). Esses quadros devem ser tratados conjuntamente (e às vezes até prioritariamente) à dependência.

— é importante a contínua avaliação da direção do tratamento para adicionar, descontinuar, intensificar de acordo com o necessário.

— quanto mais cedo, durante a dependência, se iniciar o tratamento, maior é a probabilidade de sucesso.

Os tratamentos podem ser divididos pelo grau de intensidade. Na maioria dos casos (principalmente com adolescentes), são utilizados tratamentos ambulatoriais (que não requerem internação). Em seguida existem os tratamentos mais intensivos de hospital-dia e os que requerem internação. Embora a dependência de drogas seja tratável, os resultados não são, normalmente, imediatos. A dependência (lembre-se, não estamos falando do uso esporádico e nem habitual, mas de um diagnóstico médico) requer intervenções a médio e longo prazo, mesmo quando espaçamentos nas sessões são possíveis após algum tempo, e as recaídas são prováveis, embora não inevitáveis.

Há uma série de estratégias a serem utilizadas em tratamentos ambulatoriais, mas as pesquisas mostram que terapias mais objetivas de base cognitiva costumam ter resultados mais favoráveis. Essas terapias trabalham de maneira direcionada questões como a motivação para a mudança de comportamento, a facilitação de relações interpessoais, a melhora de habilidades para a resolução de problemas, a avaliação de pensamentos, crenças e comportamentos disfuncionais. Uma boa parte desses tratamentos, principalmente no caso dos adolescentes, incluem algum componente de orientação ou mesmo de terapia familiar, pois a família é afetada de diversas formas – emocional, social, financeira e até fisicamente – quando um de seus membros desenvolve dependência.

Na realidade brasileira, existem os consultórios particulares com profissionais especialistas, psicólogos ou psiquiatras, como opção privada. No caso de aconselhamento gratuito, existem os grupos de autoajuda (A.A., N.A. para os pacientes e Al-Anon, Nar-Anon e Amor Exigente para os familiares). Esses grupos, muito importantes, podem ser frequentados também como apoio ao tratamento em consultório, quando indicado, e para a adaptação do indivíduo e da família.

Além disso, temos os CAPS-AD (Centros de Atenção Psicossocial – Álcool e Drogas), locais públicos que fazem parte do SUS e que oferecem uma variedade de serviços. O acesso e a qualidade desses centros variam muito, mas já é um avanço se comparado com décadas passadas quando a população não tinha qualquer auxílio.

Os hospitais-dia são locais que oferecem uma série de intervenções (terapia individual, de grupo, terapia ocupacional, atividades físicas, tratamento familiar, acompanhamento terapêutico) para facilitar a reinserção do paciente em suas atividades. Esse modelo, em que o paciente fica algumas horas e volta para casa, pode ser uma alternativa interessante para evitar a internação, que acontece quando o tratamento ambulatorial não é suficiente. Pode, também, ser utilizado após um período de internação até o indivíduo estar preparado para retornar ao tratamento individual apenas. Infelizmente, há pouquíssimos centros no Brasil que oferecem esse tipo de intervenção, mesmo na área particular.

Finalmente, as internações são um recurso extremo, mas por vezes necessário. Existem internações em hospitais ou clínicas de curto prazo (que são as mais frequentes) e aquelas que se desenrolam por vários meses. Razões para a indicação de internação incluem a alta probabilidade de violência a terceiros ou a si mesmo (tentativas de suicídios, por exemplo) e fracasso de tratamentos ambulatoriais em um quadro geral grave (com graves e agudas comorbidades, por exemplo). Essa costuma ser uma opção também bastante cara (ainda mais considerando que é comum a necessidade de múltiplas internações) e, principalmente no caso dos adolescentes, com baixa disponibilidade de serviços adequados. Na rede pública há uma escassez de opções.

Além das internações psiquiátricas, existem as comunidades terapêuticas. Essas instituições, geralmente de cunho religioso, costumam promover internações mais longas (de até um ano), de cunho voluntário, com aspecto ligado à cura pelo exercício de trabalho e atividades conjuntas, além de terapia, com preços mais acessíveis (ou até gratuitas), mas frequentemente sem muitos cuidados médicos. Da mesma forma que os serviços ambulatoriais, a qualidade varia muito.

Qualquer que seja a direção escolhida, o dependente deve se sentir acolhido e ter confiança no(s) profissional(is) com quem interage.

8.
NÃO É PROIBIDA A VENDA DE ÁLCOOL PARA ADOLESCENTES? COMO ELES CONSEGUEM BEBER?

O acesso às bebidas alcoólicas no Brasil é extremamente fácil, mesmo para os adolescentes. Uma pesquisa realizada em Paulínia e Diadema, no estado de São Paulo, apontou que mais de 80% dos estabelecimentos comerciais vendiam bebidas alcoólicas para adolescentes de 13-17 anos, incluindo destilados (vodca, cachaça etc.). Vários fatores contribuem para essa facilidade de acesso, como a existência de uma quantidade infindável de pontos de venda (para se ter uma dimensão mais ampla disso, a maior companhia de cerveja do Brasil relata possuir mais de um milhão de pontos de venda espalhados nacionalmente) e a falta de controle desses locais (não há sistemas de licença, por exemplo, para determinar espaços que podem ou não vender). Soma-se a isso, o baixíssimo preço das bebidas alcoólicas no país.

Embora nos últimos anos estejam sendo implementadas políticas de redução do acesso (horários de venda restritos em algumas cidades, regras mais claras penalizando a venda para menores de idade no estado de São Paulo), a pergunta correta deveria ser: "onde os adolescentes brasileiros NÃO arranjam bebidas alcoólicas?".

É importante lembrar que não é apenas nos pontos de venda (supermercados, bares, padarias, baladas e "bibocas" de maneira geral) que os adolescentes têm acesso ao álcool. Frequentemente, o consumo começa (e se mantém) em casa (nos nossos famosos "barzinhos domésticos") com ou sem a autorização dos pais, além de baladas, incluindo festas em casas de amigos (com ou sem o apoio dos adultos responsáveis).

Apesar de todas essas facilidades, pesquisas nacionais mostram que a maioria dos adolescentes, praticamente, nunca bebe, embora a tendência brasileira seja de aumento no futuro.

Entre adolescentes que bebem, a idade média do início do consumo é entre os 13-15 anos, um pouco mais cedo do que para o tabaco, que é entre os 15-17 anos. Embora o grosso do consumo de drogas ilegais tenda a iniciar um pouco mais tarde do que o de álcool e tabaco, cerca de 60% dos consumidores de maconha e 45% dos usuários de cocaína relatam que o começo do uso se deu antes dos 18 anos.

9.
CONSUMO ÁLCOOL SOCIALMENTE E MEU FILHO ADOLESCENTE ME PEDIU PARA USAR EVENTUALMENTE EM CASA. COMO DEVO AGIR?

No Brasil, a bebida alcoólica é droga lícita para maiores de 18 anos. Porém, é fato que metade dos brasileiros de até 15 anos relata já ter tomado ao menos uma dose de álcool na vida. O problema é que, em nossa sociedade, o uso do álcool é estimulado de várias maneiras em festas e confraternizações, entre jovens e adultos, e também por meio de propagandas. Trata-se de uma "droga celebrada". Nesse cenário, é bem mais difícil para os pais dizerem não ao pedido de um filho adolescente, embora essa seja a resposta adequada.

Os pais devem conversar com o filho e expor os problemas relacionados ao uso precoce da bebida – a maior probabilidade de consumo abusivo, o aumento do risco de acidentes e violência (incluindo a violência sexual, má escolha de parceiros e o suicídio), de dependência na vida adulta etc. A família também deve repensar seus hábitos em relação ao consumo dessa substância, pois os jovens são bastante críticos quando percebem incoerência entre discurso e ação, e isso se aplica na relação dos pais com o álcool. Em outras palavras, se os pais exageram na bebida, se dirigem após beber e se frequentemente associam o consumo ao relaxamento, esse é o modelo que está sendo passado para seu filho.

É dever da família não facilitar o consumo antes da maioridade. A ideia de que beber em casa evitaria o consumo com os amigos é ingênua, pois o adolescente que tem permissão para isso também bebe com os amigos. Se as crenças – incluindo o consumo – dos pais influenciam a decisão do filho sobre a experimentação, o comportamento do grupo de amigos em relação a isso é ainda mais importante. Por isso, os pais devem conhecer os amigos de seus filhos e ficar atentos à maneira como as famílias desses amigos lidam com o tema. Argumentos do tipo "todo mundo usa", "é normal beber", "na casa dos meus amigos é permitido" são muito utilizados na tentativa de justificar a "necessidade" de experimentação. Tais argumentos devem ser vistos apenas como crenças, pois o que se observa hoje é um grande número de famílias preocupadas com o tema e colocando limites mais claros em relação ao consumo de bebida alcoólica.

10.
AS PROPAGANDAS DE BEBIDA ALCOÓLICA INFLUENCIAM NO CONSUMO DOS JOVENS?

O aumento do consumo de bebidas alcoólicas é influenciado por uma série de fatores, mas dois deles são especialmente importantes. Os chamados "fatores de acesso ao produto" incluem, entre outros, o preço, a quantidade de locais de venda e o número de horas de funcionamento dos pontos de venda de álcool. É tanto intuitivo quanto comprovado por sólidas evidências que, quanto mais baixo o preço das bebidas alcoólicas e quanto mais fácil comprá-las, mais as pessoas bebem.

O segundo grupo de fatores diz respeito ao aspecto da informação. Nesse grupo, destaca-se publicidade, que inclui inúmeros formatos hoje em dia, desde a tradicional propaganda de 30 segundos na televisão, até perfis das cervejarias no Facebook e Twitter, patrocínios de eventos relacionados aos jovens (campeonatos de futebol, eventos musicais, Carnaval etc.) e apoio a eventos universitários. Até alguns anos atrás, os resultados dos estudos de impacto sobre o consumo eram frágeis, com dificuldades de provar a ligação entre a publicidade de álcool e o aumento do consumo desse produto. Apesar de intuitivamente parecer que essa ligação é evidente (por qual outra razão se gastaria milhões com propaganda?), o argumento da indústria do álcool é que a propaganda é um instrumento de escolha de marcas para o indivíduo que já é um consumidor. A partir da década de 1990, porém, começaram a ser publicados artigos com metodologia mais apurada, com a consequência do avanço do entendimento de como se dão esses efeitos da propaganda sobre o consumo. Algumas das conclusões foram que à medida que se aumenta a exposição do jovem à publicidade de álcool:

— criam-se e se reforçam atitudes mais positivas em relação ao beber;
— antecipa-se o início do beber;
— há uma percepção do beber como sempre presente, praticamente obrigatório no ambiente;
— aumenta a atração, influência e recrutamento (sim, a publicidade contribui para essa "convocação") sobre novas gerações de bebedores;
— aumenta a possibilidade do beber pesado.

É importante ter em mente que a influência da publicidade de álcool no consumo tem, também, uma relação muito mais sutil do que a vontade de ir para o bar assim que se assiste a um comercial. É a imagem que se faz da bebida: a associação entre bebida e bons momentos, alegria, festa, relaxamento, sexualidade.

Diante disso, o espaço para trabalhar com a "careta" prevenção é radicalmente diminuída. Em termos quase caricatos, poderíamos dizer que a imagem que se passa é: beber é fazer parte, não beber é estar de fora. Beber é libertador, não beber é repressor. E essa imagem é reforçada inúmeras vezes nas propagandas que passam com muita frequência.

11.
VOU FAZER UMA FESTA DE 15 ANOS PARA A MINHA FILHA. DEVO SERVIR BEBIDA ALCOÓLICA PARA OS JOVENS? ELA INSISTE QUE SE ISSO NÃO OCORRER, A FESTA "NÃO BOMBA".

A diversão não pode estar apenas associada ao uso de álcool, então é melhor que você não ceda a esse tipo de pressão. Por questões culturais, sociais e de publicidade maciça, é comum as pessoas se esquecerem de que o álcool é uma droga lícita *apenas* para maiores de 18 anos, como diz a Lei nº 8.069, de 13 de julho de 1990, mais conhecida como Estatuto da Criança e do Adolescente (ECA). Portanto, não é difícil encontrarmos festas de adolescentes com o consumo de algum tipo de bebida alcoólica, principalmente as festas de 15 anos.

Existe uma visão por parte da sociedade que entende que o consumo de álcool por jovens não só é aceitável como pouco preocupante, sendo melhor do que consumir drogas ilegais. As complicações decorrentes do uso de álcool pelos jovens seriam, assim, meramente um rito de passagem para a vida adulta. No entanto, nenhum de nós quer que os filhos tenham problemas com o álcool. É preciso atenção, pois essas crenças são conflitantes e resultam em falhas na tentativa de educar nossos filhos.

Além da lei que obviamente deve ser levada a sério, a literatura científica mostra, como já vimos, que quanto mais cedo o indivíduo inicia o consumo de bebidas alcoólicas, mesmo eventualmente, maior é a chance do desenvolvimento do uso problemático e a dependência de álcool na vida adulta. E os problemas relacionados não são nada desprezíveis: uso de outras drogas (pela redução da autocensura, impulsividade e mesmo pela disponibilidade), violência sexual, gravidez precoce, brigas, acidentes de trânsito e até suicídios estão entre os principais problemas imediatos do consumo de álcool entre os adolescentes. Daí a importância de adiar o máximo possível o início do consumo de bebidas alcoólicas.

Famílias que se preocupam com o consumo de álcool por parte dos adolescentes ficam muito angustiadas com a próxima festa. Por vezes, sentem-se caretas e despreparadas para lidar com argumentos fáceis e imediatistas do tipo: "Mas mãe, todo mundo vai"; "Toda festa tem bebida!"; "Pai, todo mundo bebe!". Estes e outros enredos parecidos são, acima de tudo, questionáveis. Um pouco mais de comunicação e apoio entre as famílias põe por terra essas argumentações. Além de evitar que os pais desrespeitem o ECA e outras leis que regulamentam o consumo de álcool.

12.
SOU FUMANTE, MAS NÃO GOSTARIA QUE MEU FILHO FUMASSE. COMO ALERTÁ-LO SOBRE AS CONSEQUÊNCIAS DO USO DO CIGARRO SEM PARECER CONTRADITÓRIO?

Não é tarefa fácil. Os adolescentes são muito perspicazes ao compararem o que os pais falam com o que fazem. O comportamento dos pais – muito mais do que o que eles dizem – é uma variável extremamente poderosa para influenciar o comportamento de seus filhos (ex.: pais agressivos criam filhos agressivos etc.). No caso do tabaco, há centenas de estudos mostrando que o seu consumo pelos pais aumenta fortemente a chance dos filhos fumarem. Essa influência se dá tanto por razões biológicas, como de modelagem de comportamento. Tal relação é tão poderosa que se inicia até antes de o filho nascer: mães que fumam durante a gravidez têm maior chance de ter filhos que podem desenvolver dependência ao tabaco.

A argumentação que resta aos pais é a de relatar que, em sua época, quando iniciaram o consumo, se sabia menos sobre os efeitos nocivos do tabaco e que agora foram percebendo que é difícil parar de fumar apesar dos problemas decorrentes do consumo. Outra possibilidade que pode ter alguma influência na decisão dos filhos de não fumar é destacar para eles as consequências do consumo que costumam ser mais "caras" aos adolescentes (ex.: mau hálito, dentes amarelados, mau cheiro nos cabelos e roupas, menor resistência física, pior desempenhos nos esportes etc.). Isso sem falar do fato de que o tabagismo é responsável por quase todos os casos de mortes por câncer de pulmão e por causar e agravar doenças pulmonares crônicas em geral, cerca de 30% das mortes dos vários tipos câncer, um quarto dos óbitos por doença coronariana (ex: infarto) e cerebrovascular (ex: derrames), e por aí segue uma longa lista, que incluem impotência sexual e úlceras. Estudos recentes têm apontado até discretos problemas cognitivos (basicamente redução da inteligência) em fumantes crônicos.

Mas verdade seja dita: a atual geração de pais de adolescentes certamente já tinha acesso a informações bastante contundentes sobre vários dos efeitos deletérios do tabaco. Para mostrar coerência, o ideal mesmo é que os pais façam deste momento uma janela de oportunidade e procurarem ajuda para a interrupção do hábito de fumar. Hoje em dia há vários tratamentos farmacológicos e psicoterápicos (a terapia cognitiva breve, com destaque) de apoio (ver uma sugestão de local gratuito, Prevfumo, serviço da Unifesp, no final do livro).

13.
MEU FILHO COMPROU NARGUILÉ. HÁ PROBLEMAS NO SEU CONSUMO?

Depende de que substância será consumida. O cachimbo, também conhecido como narguilê, ou arguile/naguilé, tem sua origem no Oriente. Segundo algumas fontes, um médico indiano teria desenvolvido o aparelho com a intenção de eliminar produtos nocivos da fumaça. Na China foi usado para o consumo de ópio e se popularizou entre os árabes durante as rodas de conversa regadas a café. No Brasil, a utilização explodiu no início dos anos 2000, com tabaco, e chegou a contar com bares que alugavam os cachimbos para os clientes. A lei proibindo o consumo de cigarro em lugares públicos fechados acabou com isso, mas não diminuiu sua popularidade, principalmente entre adolescentes.

Quem fuma tabaco no narguilé é exposto às mais de 4.700 substâncias tóxicas contidas no cigarro convencional. Além disso, análise sobre a fumaça do produto aponta níveis de nicotina (responsável pela dependência ao tabaco), de monóxido de carbono e de substâncias cancerígenas superiores ao do cigarro. Outro detalhe preocupante é o compartilhamento da boquilha que pode espalhar agentes infecciosos entre os usuários.

O funcionamento do narguilé é relativamente simples. No fornilho, é colocado o fumo misturado com melaço, frutas ou aromatizantes. Fecha-se com um pedaço de papel alumínio perfurado e sobre ele um pedaço de carvão em brasa queimará o tabaco quando o usuário sugar o tubo ou boquilha. A fumaça proveniente passa por um reservatório de água, conhecido como base ou vaso. A fumaça mais fria e o fumo adocicado se somam para dar a impressão de um produto inofensivo. É comum que jovens usuários acreditem que a água tem a função de filtrar as substâncias nocivas do fumo e evitar a dependência, o que evidentemente não é o caso! Existem opções em que o tabaco é substituído por maconha e a água por vodka ou outra bebida destilada. Colocar álcool é uma estratégia usada pelos usuários para aumentar a duração e a intensidade da tontura provocada ao se puxar a fumaça. A maconha, além do efeito da droga em si, pode aumentar as substâncias tóxicas inaladas junto com a fumaça do carvão. Portanto, o narguilé está longe de ser um produto inócuo à saúde do usuário. A Organização Mundial da Saúde (OMS) já declarou o uso do cachimbo de água um problema de saúde pública.

Vale acrescentar que já é possível observar uma certa "modinha" entre os jovens no que diz respeito ao uso dos cigarros eletrônicos. Também chamados de e-cigarros, apresentam modelos que lembram os cigarros convencionais nas cores e no tamanho. Porém, trata-se de um dispositivo eletrônico alimentado por bateria e com uma espécie de vaporizador onde se coloca a nicotina líquida. Comprados em centros de comércio popular ou em camelôs – apesar de proibidos pela Agência de Vigilância Sanitária (Anvisa) – têm agradado pela portabilidade e também pela falsa sensação de que seriam menos nocivos. O que vários e recentes trabalhos científicos provaram é que não é verdade.

14.

TODO ADOLESCENTE É UM TANTO REBELDE. JÁ QUE ELE VAI TRANSGREDIR DE QUALQUER MANEIRA, O QUE É MELHOR: ÁLCOOL, TABACO, MACONHA OU OUTRA DROGA? DEVO OFERECER, PARA ELE SABER QUE PODE CONTAR COMIGO?

Tabaco, álcool ou qualquer outra droga poderão trazer prejuízos significativos ao organismo ainda em formação do jovem. Dessa forma, não é possível apontar a substância que seria menos prejudicial para todos. Se qualquer consumo de tabaco pode trazer prejuízos, a maconha, além de ilegal, pode ser o gatilho para uma série de problemas psiquiátricos (veja questão 17) e tem uma associação importante com piores resultados escolares. O consumo de bebidas alcoólicas entre os jovens relaciona-se com violência, acidentes de carro, comportamentos de risco em geral. O ideal (e possível na maioria dos casos) é adiar o início do consumo o máximo que der.

Na adolescência, a rebeldia não deve e nem precisa estar associada com o uso de drogas. Há inúmeros outros canais de expressão desse momento de crescimento e diferenciação da pessoa. E de fato, embora o consumo de drogas muitas vezes ocorra na adolescência, experiências com esportes (inclusive radicais), músicas, danças, viagens e várias outras opções são caminhos escolhidos por muitos adolescentes. E esse sim é um papel que os pais podem trazer para si: o de facilitadores e/ou participantes dessas atividades.

A chamada "crise da adolescência" – esse momento em que o jovem começa a se separar mais claramente dos pais, desenvolvendo opiniões e atitudes próprias – pode ser encarada pelos pais como um desafio, mas a fase tem um papel importante na construção da identidade do jovem. Se os pais acreditam que permitindo o uso de drogas no ambiente familiar haveria maior controle sobre o uso, estão errados, pois nada impede que consumam também em outros ambientes. E aos filhos não vai ser passada a mensagem de que podem contar com os pais, e sim de que não há problema em transgredir certas leis.

Vale recordar que oferecer drogas para menores de idade é crime previsto na Lei n. 11.343/2006, também conhecida como Lei Antidrogas e o artigo 243 do ECA também faz menção a isso.

15.

SE EU ME DECLARAR RADICALMENTE CONTRA QUALQUER USO DE ÁLCOOL E DROGAS, NÃO POSSO ESTAR DIFICULTANDO UM POSSÍVEL DIÁLOGO QUE MEU FILHO QUEIRA TER COMIGO SOBRE O ASSUNTO?

Declarar-se radicalmente contra, mas manter o espaço para o diálogo é uma coisa. Não querer nem ouvir falar sobre drogas é outra.

Ter opinião, mas estar disposto a conversar é uma boa demonstração de humildade e pode ajudar muito na hora de argumentar com o jovem.

A adolescência é uma fase de bastante contestação e, eventualmente, de dificuldades, crises. É o momento das opiniões passionais e "definitivas" (a reconfortante sensação de ter certezas absolutas...). Se você tentar o mesmo caminho de imposição, a chance de afastar seu filho é grande. Lembre-se, além disso, de que a ideia é demonstrar que ele pode contar com você. Esteja aberto aos questionamentos e críticas. As opiniões da família provavelmente serão comparadas às do grupo de amigos ou àquelas vinculadas na mídia. Ser coerente, bastante paciente e ter informações adequadas sobre o assunto ajuda a não só reforçar os valores familiares, mas também promover um diálogo em que todos serão beneficiados. Os pais, no entanto, podem e devem continuar impondo limites.

16.
ALGUNS ADOLESCENTES DEFENDEM A LEGALIZAÇÃO DA MACONHA. COMO POSSO DISCUTIR ISSO COM ELES?

Trata-se de assunto bastante em voga e com atualizações constantes porque a legislação de vários países tem se alterado recentemente.

Existem basicamente três níveis de políticas de restrição do consumo de drogas.

O primeiro é o da **proibição**, em que o consumo da droga é considerado sempre fora da lei e os usuários e/ou traficantes são submetidos a penas rigorosas.

O segundo é uma espécie de **descriminalização**, em que se deixa de considerar o consumo da substância um crime e recomendam-se aos usuários corretivos alternativos à prisão (ex.: trabalhos comunitários, tratamento etc.). Usualmente essa alternativa separa os usuários dos considerados traficantes (essa separação baseia-se nas circunstâncias e, principalmente, na quantidade da droga encontrada com o indivíduo). Os traficantes continuam submetidos a penalidades mais rigorosas.

O terceiro nível é o da **regulamentação**, em que o uso da substância é permitido dentro de determinados limites, que variam bastante de local para local. Assim, por exemplo, na Holanda, o consumo de maconha para maiores de idade e até uma determinada quantidade é permitido exclusivamente dentro dos famosos *coffee shops*, mas não na rua e nem para menores de idade. No Uruguai, a legislação está se encaminhando para um tipo de regulamentação, com uma série de regras. Será permitida venda para maiores de idade residentes no Uruguai e até certa quantidade, realizada por entidades ligadas ao governo. É possível obter-se também permissão para plantio, dentro de certos limites. As mudanças legislativas começaram a valer no início de 2014 e até o momento não há ainda resultados disponíveis de avaliações.

Portugal é outro caso conhecido de abrandamento da legislação – no caso, um tipo de descriminalização mais ampla. Em 2001, tornou-se o primeiro país europeu a abolir oficialmente penalidades criminais para a posse de drogas para consumo pessoal, incluindo maconha, cocaína e heroína. Apesar das drogas continuarem a ser consideradas ilegais, os usuários têm sido tratados dentro de um processo administrativo, ao invés de um processo criminal (parecido, segundo Hilson Cunha, pesquisador brasileiro radicado em Portugal, com infrações relacionadas à condução de carros). Ao invés de serem enviados para a cadeia, usuários são encaminhados, quando considerados dependentes, para tratamento. Os resultados dos estudos mostram a complexidade da questão. Embora dados de diferentes fontes tragam números distintos, um resumo deles parece apontar as seguintes conclusões:

a) houve um aumento considerável da experimentação (uso eventual) de drogas nos anos seguintes à implementação da lei, porém não se observou o mesmo aumento no uso recente (que em geral se associa com uso mais constante);

b) mesmo o impacto da experimentação pareceu decair com os anos (menos gente experimentando), aproximando-se de valores anteriores à descriminalização;

c) no entanto, essa descida possivelmente também está atrelada à grave crise econômica vivida em Portugal a partir de 2008, da mesma forma que ocorreu com o consumo de bebidas alcoólicas e tabaco (ou seja, se não houvesse a crise, pode ser que o consumo se mantivesse em patamares mais altos);

d) entre os jovens, os índices variam. Alguns estudos com população específica de adolescentes e estudantes universitários mostram que a experimentação e início de consumo de drogas tem se intensificado na população escolar e se estendido pela vida universitária, numa dimensão superior à da população em geral;

e) alguns indicadores (sistema judiciário e prisional, mercado de drogas) demonstraram benefícios ou ausência de alterações negativas para a sociedade portuguesa. Houve, por exemplo, uma redução de indivíduos presos por crimes relacionados a drogas (cometidos sob a influência e/ou para financiar o consumo de drogas).

Um ponto importante na observação da experiência em Portugal é que os índices de consumo de maconha, por exemplo, mesmo antes da descriminalização, eram muito mais altos que no Brasil. O mesmo é verdadeiro para os primeiros estados americanos (Colorado e Washington) que iniciaram, também em 2014, a liberação da produção e consumo de maconha para maiores de 21 anos. O impacto do abrandamento das regras em locais com diferentes níveis de consumo pode variar muito.

Dessa forma, percebe-se que há uma série de nuances para a questão. A conversa sobre essas diferenças é um dos caminhos interessantes para se discutir o assunto com os adolescentes, que frequentemente reproduzem informações vindas de colegas ou divulgadas com diversos vieses ideológicos pela mídia.

Os argumentos mais reproduzidos são de que a regulamentação – com seu apelido mais chamativo de "legalização" – seria a única forma de acabar com a violência relacionada ao tráfico de drogas. Outra crença relacionada é que o controle do Estado sobre a droga ajudaria a diminuir os custos sociais do abuso de uma substância produzida sem nenhum controle.

São argumentos que pedem reflexão. A violência relacionada ao tráfico é um fato de dimensões bastante relevantes. A "guerra às drogas", codinome que simboliza esforços radicais de proibição/extermínio da produção e consumo, tem tido resultados frustrantes.

Por outro lado, não há garantias que a regulamentação resolva totalmente a questão do tráfico, mesmo porque há outras drogas comercializadas pelos traficantes de maconha, como cocaína e crack (e por enquanto apenas Portugal descriminalizou todas as drogas no mesmo nível que a maconha). Da mesma forma, uma maior disponibilidade da droga geralmente se relaciona com mais consumidores e, assim, mais usuários problemáticos e dependentes – em particular quando se parte de níveis relativamente baixos de consumo como no Brasil. Essa relação é absolutamente evidente no que diz respeito às bebidas alcoólicas e ao tabaco. Dessa forma, por exemplo, os mais de um milhão de pontos de venda de álcool e a facilidade de acesso dos menores de idade a estes são fatores importantes para o nível de consumo de bebidas alcoólicas entre os jovens no Brasil.

Outro ponto relevante é que a proibição das drogas por meio da legislação contribui para conter o consumo dessas substâncias, pois, além do impedimento, têm efeito simbólico sobre os comportamentos sociais. Se o governo libera, pensa-se, é porque a substância não faz tão mal assim. O argumento de que o consumo de álcool e tabaco, drogas que já são regulamentadas, pode ser ainda mais prejudicial do que o de maconha (argumento que tem fundamento, por sinal) não é justificativa para se acrescentar mais uma droga causadora de problemas para o rol das liberadas.

Um ponto importante é que parece haver uma unanimidade quanto à proteção aos menores de idade. Aliás, alguns apoiadores da legalização argumentam que será mais fácil restringir o acesso à maconha se houver regulamentação do uso (até agora sempre, exclusivamente, para maiores de idade). Dessa forma, a discussão diz respeito, de qualquer forma, ao consumo entre adultos.

Outra questão bastante relevante é sobre as características do Brasil (dimensões continentais, alta densidade populacional e sociedade heterogênea, pouco respeito às leis já existentes) quando comparado a pequenos países da Europa e ao Uruguai, por exemplo. De qualquer forma, essa é uma discussão que deve ser seguida de perto, e os pais e professores devem ficar atentos ao desenrolar das pesquisas nos diversos países que já modificaram suas leis.

17.
MEU FILHO USOU MACONHA – ELE É UM DEPENDENTE OU POSSO CONSIDERAR O USO DESSA DROGA INOFENSIVO?

Provavelmente nem uma coisa nem outra. A dependência de maconha, quando se instala, demora anos para acontecer. Nas questões 5 e 6, abordamos a definição de dependência de drogas, o que facilitará a compreensão dos fatores envolvidos.

Por outro lado, o uso de maconha não é inofensivo, particularmente para os jovens. As análises sobre o desenvolvimento do cérebro do adolescente são recentes. Há cerca de 20 anos, se imaginava que a maior parte do desenvolvimento cerebral acontecia nos anos iniciais de vida de uma criança. Exames mais modernos, eficientes, têm mostrado que o amadurecimento completo só ocorre efetivamente aos 24, 25 anos. Dessa forma, uma importante área do cérebro, o córtex pré-frontal, não está ainda completamente madura no adolescente. Fundamental para funções cognitivas muito especiais como tomar decisões, planejar futuros próximos ou distantes e inibir comportamentos inadequados, o córtex pré-frontal muda intensamente dos 4 aos 22 anos. Se acrescentarmos que essa área de nosso cérebro também auxilia em nossa autoconsciência, em nossas interações sociais e na capacidade de compreender o outro, talvez você já tenha concluído que é na adolescência que o córtex pré-frontal sofre as maiores transformações. É importante lançar mão desse conhecimento para compreender a responsabilidade de tomada de decisões dos adolescentes, assim como a avaliação que eles fazem dos riscos e as consequências de suas atitudes. A neurocientista e professora da Universidade Federal do Rio de Janeiro, Suzana Herculano usa uma expressão muito interessante para dimensionar essa etapa. Ela diz que o adulto deve "emprestar seu cérebro para o jovem", ajudando-o em suas decisões. E acrescenta que somente lá pelos 17 ou 18 anos, o adolescente vai estar mais seguro para antecipar eventuais arrependimentos e talvez evitá-los ao tomar decisões mais conscientes.

Os mesmos estudos do cérebro têm evidenciado que, em comparação com o adulto, o sistema límbico do adolescente é mais sensível. Essa área cerebral está ligada às emoções e ao chamado sistema de recompensa do cérebro. Assim, somos estimulados a repetir atividades ou atitudes que nos dão prazer, ainda que para isso tenhamos de assumir alguns riscos. A mistura de um córtex pré-frontal pouco desenvolvido e um sistema límbico mais sensível leva o jovem a, praticamente, "adorar" correr riscos, por exemplo, praticando esportes radicais, fazendo sexo desprotegido ou dirigindo em alta velocidade. Sem falar no uso de drogas, entre elas, a maconha. Um cérebro em formação e uma droga que tem, cada vez mais, recebido espaços favoráveis na mídia aumenta bastante a vulnerabilidade dos adolescentes. Estudos realizados nos últimos 20 anos têm mostrado evidências sobre os variados prejuízos ao cérebro provocados pelo uso de maconha, principalmente em adolescentes. Isso pode ser resultado dos efeitos biológicos da droga em áreas cerebrais muito imaturas. Sintomas de esquizofrenia, depressão, ansiedade são observados com uma frequência maior entre os jovens usuários de maconha do que entre aqueles que não usam.

Também são inúmeras as pesquisas que mostram que o uso de maconha está associado a problemas cognitivos, de memória, insucesso escolar, apatia e outros. Um dos mais importantes estudos nessa área foi desenvolvido pelo médico neozelandês David Fergusson. Durante mais de uma década, ele acompanhou 1.265 jovens a partir dos 14 anos de idade e, aos 25 anos, 70% deles haviam experimentado maconha e cerca de 9% tornaram-se dependentes. Em outra pesquisa, o uso de maconha antes dos 18 anos contribuiu para que 17% dos 6 mil jovens da mostra tivessem dificuldades em terminar o ensino médio e ingressar na universidade. Ainda segundo os estudos de Fergusson, o uso contínuo aumenta o risco de surgimento de distúrbios psiquiátricos, a procura por outras drogas, os acidentes de trânsito e os prejuízos na função pulmonar. Uma revisão de pesquisas sobre maconha e cognição publicada em 2013 mostrou que adolescentes que usam a droga frequentemente e de forma intensa apresentam importantes deficiências na atenção, na memória de longo prazo e no controle da aprendizagem. Os autores também afirmam que os efeitos podem se intensificar se o uso se iniciar precocemente e persistir mesmo após período de abstinência.

Assim, vale conversar com seu filho e mostrar que mesmo que ele acredite que está consumindo uma droga inócua, isso não é verdade.

18.
DESCOBRI QUE UM AMIGO DO MEU FILHO É USUÁRIO DE DROGAS. QUAL A MELHOR MANEIRA DE ORIENTÁ-LO EM RELAÇÃO A ESSA AMIZADE?

Nesse caso, a ponderação sobre algumas questões é importante para definir a abordagem a ser tomada: Como você descobriu isso? Seu filho sabe que esse amigo usa? Foi ele que contou ou você soube por outra pessoa?

A maneira como isso foi revelado ou descoberto pode fazer diferença no início de uma conversa.

Quando a informação vem de outra pessoa ficamos inicialmente muito alarmados e em geral desconfiamos do possível envolvimento de nossos filhos no consumo. Abordagens muito incisivas ou emocionais vão colocá-lo na defensiva. Pode ser difícil, mas esse é um daqueles momentos em que é preciso exercer fortemente o autocontrole. Lembre-se: nós adultos temos que ter essa capacidade muito mais desenvolvida que os adolescentes.

Mantendo-se calmo e com o canal de diálogo aberto, pouco a pouco é possível saber mais sobre esse amigo, seu grau de envolvimento, que droga está usando, há quanto tempo, e coisas do tipo. Não espere respostas detalhadas. É bem possível que seu filho esteja testando sua reação e dependendo dela existirão outras conversas consensuais ou não.

Se a informação veio de seu filho, isso é sinal de confiança. É sempre bom estar preparado para esse tipo de conversa. Com certeza, vai ser um novo momento entre pais e filhos.

Evite fazer juízo de valor ou exigir uma solução definitiva como proibir a amizade ou insistir para ele se afastar do amigo. Embora essa atitude seja extremamente tentadora, a probabilidade da ordem não ser seguida por seu filho é alta – e pode ser que não seja mesmo a melhor solução. A menos que as circunstâncias sejam muito graves – essa avaliação depende da cultura de cada família, mas o consumo de drogas da classe da cocaína ou o consumo frequente e pesado de álcool e maconha são bandeiras vermelhas –, o ideal é acompanhar de perto a relação e evitar situações em que o consumo possa ser facilitado. Por exemplo: final de semana na praia sem supervisão dos pais.

Ao final, em quase todas as situações, a decisão de afastamento ou não terá que ser tomada pelo próprio jovem, até por não se identificar mais com aspectos do estilo de vida dos amigos.

As informações passadas por seu filho para você devem dar a medida das orientações necessárias. Talvez o que ele precise no momento é apenas saber sua opinião sobre esse fato. Seja claro, mas jamais alarmista, reforce os riscos, mas não exagere. Com certeza despertará mais credibilidade.

19.
ACHO QUE MEU FILHO ESTÁ FAZENDO USO DE ÁLCOOL/DROGAS. DEVO CONVERSAR COM A ESCOLA? COMO?

O que a(o) faz pensar que seu filho(a) está usando substâncias químicas? Identificou alguns sinais ou é apenas uma impressão?

Como já discutimos em outras perguntas, são muitos os sinais que podem indicar o uso de drogas, portanto antes de procurar a escola avalie melhor o que está acontecendo.

Se a suspeita se confirmar, antes de mais nada tente conversar com ele(a). O diálogo deve ser sempre privilegiado. Vale a pena buscar a orientação de um especialista, pois começar esse tipo de conversa nem sempre é fácil.

A escola do seu filho possui um programa de prevenção? Já desenvolveu alguma atividade sobre o tema envolvendo os pais? Se a resposta for afirmativa para pelo menos uma dessas questões, é possível considerar a conversa com a escola. Algumas delas dispõem de um profissional (coordenador pedagógico, orientador educacional, professor) capacitado para acolher os pais nesse momento de angústia. Com certeza ele saberá conduzir a situação sem expor sua família, ajudará a avaliar o caso e também, se for preciso, encaminhar para um especialista em dependência química.

É possível até que a escola procure a família antes, porque está preocupada com acentuada queda de rendimento, com o excesso de faltas ou situações de indisciplina. Sinais mais do que óbvios da existência de algum problema – não necessariamente do uso de drogas –, principalmente se não fizerem parte do histórico anterior do aluno.

Havendo confiança de sua parte, essa é a hora de expor o problema e buscar ajuda.

Vale acrescentar que esse tipo de situação nos obriga, na maioria das vezes, a questionar nossos valores, crenças e atitudes. "Somos pais liberais e sabemos que isso é apenas uma fase passageira", "Onde foi que erramos?!?", "Isso acontece em todas as famílias", "E agora, o que os outros vão pensar da minha família?" São questionamentos possíveis e que merecem uma boa reflexão enquanto se busca uma saída.

Voltando para as escolas. Certas instituições de ensino são extremamente rígidas e a única saída que encontram para o uso de drogas entre seus alunos é a "sugestão" de transferência. Omitir-se também costuma ser uma opção, principalmente se o consumo ocorre fora dos domínios escolares. É importante para os pais terem a escola como aliada, mas devem estar preparados para, eventualmente, isso não acontecer. Nessas situações, a procura de auxílio tem que vir de outros caminhos.

20.
COMO SABER A POLÍTICA DA ESCOLA PARA USO DE ÁLCOOL E DROGAS? ISSO COSTUMA SER EXPLÍCITO OU SÓ APARECE EM CASO DE PROBLEMAS?

Depende da escola. Nas particulares, por exemplo, costuma ser mais fácil obter essas informações e a melhor maneira de saber é perguntar diretamente, caso o assunto não seja abordado nas reuniões iniciais com os grupos de familiares.

Esse tipo de questionamento deve ser feito no momento da matrícula ou ainda antes, quando você for conhecer a escola. Procure a direção ou a coordenação pedagógica da escola para obter informações mais detalhadas.

Caso o representante da instituição diga que não tem ou nunca tiveram problemas com o consumo de drogas, desconfie. Provavelmente a instituição não se interessa pelo assunto ou está adotando a conhecida "postura do avestruz". Mesmo com o questionamento dos pais, é possível que só se perceba a posição da escola quando do aparecimento de algum problema relacionado ao consumo de drogas.

As instituições privadas tendem a ser bastante rigorosas com alunos flagrados portando ou usando drogas dentro do estabelecimento – o cancelamento da matrícula nessas situações não é raro. Algumas chegam a adotar a mesma atitude ao saber que o aluno usou drogas fora da escola. Curiosamente, isso costuma valer apenas para maconha ou outras drogas ilícitas. No caso de álcool ou tabaco, a postura é mais tolerante quando o consumo é em seus domínios e de pouca ou nenhuma preocupação quando o uso ocorre em eventos externos.

Observa-se também – sempre no caso do álcool e tabaco – que existem escolas que consideram o ocorrido um problema disciplinar apenas e suspendem o aluno. Todas essas são atitudes bem comuns em escolas que não desenvolvem estratégias de prevenção e por isso não estão preparadas para acolher a família e/ou aluno. O "melhor", então, é livrar-se do problema o mais rápido possível, antes que a "laranja podre" contamine os outros alunos. Beber ou fumar na escola indica claramente que o desejo pela droga já supera as regras de contenção e a preocupação com o risco de ter o uso descoberto pelos familiares. E, ao tratar essa situação como mera indisciplina, os educadores reforçam uma postura moral antiquada limitando a possibilidade de orientação e apoio. Escolas que discutem a questão mais abertamente costumam contar com pessoas capacitadas não só para acolher e orientar pais e alunos, mas também para eventuais encaminhamentos aos profissionais de saúde especializados. Essa atitude pode fazer muita diferença para evitar que o usuário aumente o risco de desenvolver dependência.

Em escolas públicas, as atitudes frente ao uso podem ser prejudicadas tanto pela falta de autonomia quanto por falta de políticas claras e adequadas. Também nesses casos os pais devem questionar diretamente a direção da escola. Algumas iniciativas interessantes como a presença de um mediador na unidade escolar ou parcerias com o conselho tutelar têm sido observadas no estado de São Paulo, mas ainda em forma de projetos piloto que não atendem toda a rede. Em outros estados existem parcerias com a Secretária Nacional de Políticas sobre Drogas

(Senad), que oferece cursos abertos para os educadores interessados. Esses cursos acontecem em parceria com as respectivas secretarias de educação.

21.
UMA ESCOLA QUE É MENOS RÍGIDA EM TERMOS COMPORTAMENTAIS (POR EXEMPLO, NÃO EXIGE UNIFORME) PODE SER MAIS PROPENSA A TER PROBLEMAS COM USO E ABUSO DE ÁLCOOL E DROGAS?

A vida seria bem mais simples se essas associações existissem, não é? Mas não, não existem evidências científicas da relação entre esse tipo de exigência com o consumo de drogas. A eventual falta de rigidez não deve ser confundida com permissividade ou falta de limites.

Um ambiente com normas transparentes e menos tenso em termos de cobranças colabora para o diálogo e para aumentar o envolvimento dos alunos com a escola, que por sua vez estimula comportamentos responsáveis. Instituições que permitem uma participação mais ativa dos estudantes nas discussões que também dizem respeito a eles, os ouvindo com mais frequência, faz com que os eventuais problemas – drogas, bullying ou indisciplina, por exemplo – sejam enfrentados de maneira mais assertiva e consistente. Isso leva a uma redução da agressividade e favorece o autorrespeito e o respeito mútuo. Além disso, pode reforçar o que costumamos chamar de fatores de proteção e diminuir os fatores de risco. De forma simplificada, os fatores de risco costumam ser separados em socioambientais e individuais. Normas sociais condescendentes com o uso de substâncias e uma política de preços baixos para as drogas legais são talvez um dos fatores socioambientais que mais riscos oferecem ao jovem. Os outros seriam:

— *Oferta de substâncias legais ou ilegais*: é clara, por exemplo, a relação entre a grande quantidade de álcool oferecida e o aumento da prevalência de uso, da quantidade consumida e no consumo pesado.

— *Situação econômica*: não se pode afirmar que classe social seja fator de risco para o consumo de substâncias psicoativas, mas se observarmos as situações de pobreza extrema encontraremos mais dependência de álcool e uso de drogas ilegais.

— *Vizinhança*: muitas pessoas vivendo em pequenas áreas, lugares públicos pouco policiados e deteriorados e altos índices de criminalidade têm colaborado bastante para aumentar o uso de substâncias.

Além das características do próprio indivíduo, é preciso incluir as do ambiente pessoal entre os fatores particulares para o risco de uso ou abuso de drogas. Impulsividade e agressividade desde a infância costumam estar relacionados ao alcoolismo e ao uso de maconha. A herança genética entre homens também tem forte relação com a dependência de álcool. Comportamentos antissociais frequentes e graves, dificuldades de adaptação, intolerância às frustrações, baixo rendimento escolar também são importantes fatores de risco a serem observados. Famílias com dificuldades em impor limites, sem vínculos afetivos consistentes, saudáveis e com membros usuários são mais propícias a ter jovens se envolvendo precocemente com o uso de drogas. Pais que pouco ou de forma nenhuma se envolvem com a vida dos filhos também seriam responsáveis por colocá-los em risco. É bom que se diga que os fatores citados não se constituem determinantes para uso ou abuso de álcool, mas têm importante capacidade de aumentar a possibilidade de que isso ocorra.

Costuma-se dizer que fatores de risco e de proteção não são "lados diferentes de uma mesma moeda", ou seja, a existência de um pode não anular o outro. Mas sem dúvida quando os fatores de proteção aparecem em maior número, o risco do uso de drogas diminui significativamente. Pais interessados pela vida dos filhos em um ambiente familiar compatível com o pleno crescimento emocional da criança, do adolescente e onde a clareza das regras não seja exceção são dois dos mais importantes. A escola é participante ativo no desenvolvimento de estratégias que protegem os jovens e, como já dissemos, não se trata de maior ou menor rigidez. A boa ligação dos alunos com a escola, com os professores e o bom desempenho escolar também são efetivos na proteção. A equipe de gestão da escola deve ficar atenta ao clima escolar se pretende envolver adequadamente os alunos. Intensificando o "sentimento de pertencer" e de ser parte integrante de um grupo. Nesse caso, ao encontrar sentido, segurança, proteção, apoio e reconhecimento dos seus direitos e de seus esforços nas relações humanas e com ambiente físico, o jovem sente respeito pela instituição e pelas pessoas que nela convivem. Assim, fica mais fácil aderir às regras estabelecidas. Portanto, impor normas somente a partir de necessidades da escola ou escolher o caminho mais "fácil" de aumentar a rigidez a cada eventual transgressão pode não ser a forma mais conveniente de agir, do ponto de vista dos alunos.

22.
QUAL O PAPEL DA ESCOLA
NA PREVENÇÃO DAS DROGAS?

Projetos ou programas visando a prevenção das drogas encontram nas escolas espaço apropriado e, poderíamos acrescentar, quase obrigatório para seu desenvolvimento. Não é novidade para nenhuma instituição de ensino a necessidade de se discutir a questão das drogas, pois os Parâmetros Curriculares Nacionais (PCNs) preveem sua inserção dentro dos chamados "Temas Transversais". Algumas escolas acreditam desenvolver iniciativas de prevenção quando se veem obrigadas a lidar com notícias como a morte por overdose de uma cantora ou ator famoso. Conversar com os alunos em poucas aulas e somente a partir de situações de grande repercussão está longe de ser uma iniciativa eficaz. É melhor do que ignorar o assunto, sem dúvida, mas só fornecer informações não é suficiente. Pesquisas realizadas com alunos, a observação empírica de seu cotidiano ou ainda o aparecimento de casos de porte e consumo de drogas dentro de seus domínios costumam também desencadear iniciativas. Palestras pontuais estão entre as estratégias mais comuns.

Os professores estão em uma posição privilegiada para identificar jovens traumatizados, tanto por apresentarem dificuldades na aprendizagem quanto por apresentarem problemas de comportamento. Esses são dois fatores que podem levar o jovem a adotar comportamentos de risco.

Portanto, toda a escola que afirma contribuir para a formação plena do indivíduo precisa de um programa de prevenção.

Evitar o uso de substâncias psicoativas é uma conduta a ser desenvolvida desde os anos iniciais e incentivada durante toda a vida. Portanto, a instituição que quiser se diferenciar e realmente contribuir com sua comunidade deve investir em um modelo que seja precoce e contínuo.

Alguns especialistas também falam de uma "Escola Promotora de Saúde" em que teríamos os esforços concentrados para a proteção, promoção à saúde e para o bem-estar dos alunos.

23.
QUAIS OS MODELOS DE PREVENÇÃO USADOS PELAS ESCOLAS?

— *Modelo do amedrontamento*: a estratégia é basicamente se aproveitar de informações dramáticas e imagens ameaçadoras para tentar conscientizar sobre os malefícios do uso de drogas. Ex: imagens de caveiras fumando, levar estudantes para ver clínicas de dependentes químicos, mostrar órgãos humanos destruídos pelas drogas. Esse modelo está atualmente em desuso. Sua eficácia é altamente questionável.

— *Modelo da pressão de grupo positiva*: conhecido também como *peer education*, esse modelo procura usar a pressão positiva do grupo como importante influência para que não ocorra o consumo de droga. Não importa se pontuais ou repetidas, essas iniciativas pretendem dar voz aos jovens e se beneficiar do protagonismo juvenil como fator de proteção. Ex.: um grupo de alunos mais velhos, devidamente orientado, pode levar informações sobre comportamentos saudáveis para os mais novos.

— *Modelo do conhecimento científico*: baseado em evidências científicas, tenta-se passar informações imparciais, evitando também o viés ideológico muitas vezes presente quando se debate temas controversos. Ex.: dados estatísticos, gráficos, tabelas e artigos científicos são usados na hora de preparar as estratégias.

— *Modelo de educação para a saúde*: neste modelo também se costuma falar na "escola promotora de saúde". Educa-se para uma vida saudável a partir do próprio ambiente escolar. A instituição proporciona estrutura, procedimentos, atividades que promovam o bem estar de todos. Ex.: atividades esportivas, dicas de alimentação saudável e boa higiene.

— *Modelo do treinamento de resistência*: segundo esse modelo é possível treinar os jovens para resistir às pressões para consumir drogas que podem vir do grupo de amigos, da mídia e até da própria família. As atividades buscam desenvolver a resiliência e a assertividade. Ex.: atividades como encenar peças teatrais – nas quais o jovem vivencia situações que reproduzem situações da vida real – "O amigo bêbado na festa"; "A oferta para fumar maconha em uma viagem com colegas de escola". Estratégias de psicodrama também podem ser usadas.

— *Modelo de educação afetiva*: desenvolver e fortalecer a autoestima do jovem é o ponto central desse tipo de programa. Ex.: concursos literários, feira de ciências, espaço para apresentação das bandas formadas por alunos se devidamente divulgadas e valorizadas pela escola pode ajudar o jovem a perceber melhor seu valor e suas habilidades. Valoriza também o aluno diante de seu grupo de forma positiva.

— *Modelo da educação normativa*: o desafio desse modelo é mostrar aos jovens que frases como "balada boa é balada com bebida alcoólica" e "todo mundo bebe na minha idade" não deveriam ser consideradas normais. Ex.: promover festas na escola que não envolvam venda de bebidas alcoólicas. Nem para os adultos. Embora existam aspectos culturais, uma festa junina sem quentão pode ter um efeito muito positivo na visibilidade do programa para a comunidade escolar.

— *Modelo de oferta de alternativas*: nesse modelo a ideia é mostrar que existem alternativas mais interessantes e saudáveis do que usar drogas. Atividades de lazer, esportivas, culturais e de crescimento pessoal estão entre as mais comuns. Ex.: campeonatos esportivos, concursos e passeios culturais, excursões podem ser vinculadas ao programa de prevenção da escola, valorizando as alternativas saudáveis.

24.
E QUAL DESSES É O MELHOR MODELO A SER USADO NAS ESCOLAS?

Como vimos, não existe uma única estratégia possível e em todas elas existem erros, acertos, sucessos e fracassos. Porém, nossa experiência mostra que é sempre muito importante tentar. Consultar recentes pesquisas na área, conversar com especialistas e outras instituições, essas estão entre as melhores iniciativas quando a escola pensa em desenvolver seu próprio programa de prevenção.

No ambiente escolar, deve-se pensar em uma atuação que leve em consideração o projeto político-pedagógico da instituição. Uma linguagem adequada à comunidade escolar ajuda muito a aumentar a eficiência na divulgação de ideias e valores que contribuirão para o reforço dos fatores de proteção.

Em linhas gerais, a chamada *prevenção universal* pode ser utilizada na maior parte das escolas, pois a equipe, quando devidamente capacitada, não precisa ser especialista em saúde. Essa estratégia é voltada para toda a população e seu objetivo primordial é retardar ou prevenir o abuso de drogas.

Porém, em escolas com casos identificados de alunos com maior risco de desenvolver abuso de drogas (por exemplo: filhos de dependentes de álcool ou outras drogas, aqueles com sérias dificuldades acadêmicas), a *prevenção seletiva* costuma ser mais recomendada. Nesse caso, as estratégias para previnir ou retardar o abuso devem ser orientadas para esses subgrupos. Os participantes são recrutados, pois se trata de um grupo bastante vulnerável também a outros comportamentos problemáticos. Os problemas sociais, familiares e do próprio jovem requerem um treinamento mais específico para a equipe de trabalho e exige mais tempo e mais esforços.

Já a *prevenção indicada* exige uma equipe especializada, pois atua diretamente em pessoas que já apresentam sinais de consumo inicial. Além de evitar que as situações de abuso se ampliem, procura também diminuir suas consequências. Convocam-se os participantes e tenta-se abordar as condutas que estão levando à utilização de drogas. Atua também nos fatores de risco pessoais e nos problemas de comportamento. A escola deve ter um programa extremamente consolidado para agir nesse nível de prevenção.

A grande questão hoje em dia gira em torno da eficácia de um programa de prevenção escolar. Adote-se o modelo que quiser, mas cada vez mais se busca resultados que possam ser medidos, validados e que sejam eficientes em diminuir o uso de drogas entre os alunos.

Segundo alguns especialistas, a ansiedade que o tema gera e a necessidade de aproveitar muito bem os poucos recursos disponíveis estariam por trás dessa crescente preocupação.

Mas, então, como agir? Esperar pelo programa mais eficaz e bem sucedido? "Importar" um modelo bem avaliado em outro país? Talvez ainda não haja uma resposta definitiva.

Bons programas de prevenção devem ser inclusivos e se esforçar em beneficiar a comunidade escolar e seu entorno. Um bom exemplo de uma iniciativa ampla e inclusiva é o Projeto Periscópio, desenvolvido na cidade de Tarumã (SP). Desde 2007, a médica psiquiatra Ana Cecília Marques coordena um trabalho que vem desenvolvendo um conjunto de medidas preventivas, assistenciais e de segurança com o objetivo de desencadear proteções efetivas para todo o município. Os resultados ainda estão sendo estudados, mas já é possível que, a partir das descobertas de projetos como esse, tenhamos uma ideia mais precisa sobre o que funciona para a realidade brasileira.

Os estudos sobre a prevenção têm avançado bastante nos últimos anos, principalmente por causa das novas descobertas sobre o comportamento humano e sobre os fatores que levam ao uso/abuso de drogas.

Hoje se sabe, por exemplo, que o uso de substâncias tem início também devido a fatores sociais e ambientais, que abandonar o uso de algumas delas é mais comum do que outras e, por fim, a transição do abuso para a dependência é mais relacionado à idade de início do que à duração do uso. Portanto, segundo alguns especialistas, a intervenção preventiva deve acontecer tanto antes como após o momento inicial da utilização. Isso porque, no começo, o uso de drogas é mais influenciado por fatores sociais e a progressão do abuso para dependência ocorre quando fatores neurobiológicos começam a dominar. Nesse contexto, a escola deve promover iniciativas que permitam orientar a tomada de decisões socialmente responsáveis e fornecer aos jovens a possibilidade de engajamento em comportamentos saudáveis.

A tentativa de promover as "iniciativas certas" desde o início e durante muito tempo baseou-se na utilização de modelos que, em muitos casos, acabava tendo justamente o efeito contrário ao que se buscava.

Alguns desses modelos ainda são usados, mesmo que não sejam chamados de modelo. Há escolas que desenvolvem algumas dessas estratégias, principalmente tentando "amedrontar" através de palestras de dependentes em recuperação por exemplo.

As escolas mais organizadas nessa área acabam fazendo um "mix" dos modelos. Todos eles, em algum momento, vão falar das drogas. Nos anos iniciais, valoriza-se mais a promoção de saúde, falando, por exemplo, de alimentação saudável, higiene etc. À medida que se avança, alguns conceitos são reforçados e outros são introduzidos. Drogas, dependência, os "conceitos mais técnicos" pode-se dizer. Pelo atual avanço da ciência, é impossível falar de um único modelo que descarte os demais.

25.
COMO A ESCOLA PODE SE PREPARAR PARA DESENVOLVER A PREVENÇÃO ÀS DROGAS?

Primeiramente, estar disposta, pois prevenção de drogas em escolas é um desafio. Um desafio possível, é bom acrescentar, mas que requer muito comprometimento, formação, investimento. A instituição precisa conhecer sua realidade quanto ao assunto. Nesse caso, como dissemos na questão 22, destacamos a importância do envolvimento do corpo docente. Os professores, pela convivência diária com os alunos, podem ter informações que serviriam como uma análise preliminar da realidade. Outros funcionários, como os inspetores, também podem ajudar.

Uma pesquisa inicial com os alunos não é obrigatória, mas desejável. Ao longo do processo de implantação, porém, não se pode prescindir da avaliação da realidade e das estratégias desenvolvidas.

É sempre bom buscar um programa que tenha sustentação técnica e científica, mas uma boa base a partir de evidências – mesmo que empíricas – pode ajudar mostrando o caminho.

Como já enfatizamos anteriormente, as ações preventivas em escolas são ainda muito controversas quanto a sua efetividade e cada vez mais se buscam formas de avaliar e validar as diferentes intervenções. Porém, mesmo assim, entendemos que a escola não pode prescindir da inserção de alguma forma de debate sobre o assunto em seu projeto político-pedagógico.

Acima de tudo, a equipe técnico/pedagógica da escola precisa identificar claramente quais são os objetivos ao se implantar um programa de prevenção e quais serão suas características principais. Lembrando que "falar sobre drogas" ainda é um tema polêmico, e a escola deve estar preparada para as eventuais repercussões negativas, desconfiança e até mesmo preconceito nos momentos iniciais do trabalho. Não só por parte das famílias, mas também por parte da própria comunidade escolar (alunos e, por vezes, também os professores e os funcionários). Dessa dificuldade enfrentada pela maioria das escolas é que reside a necessidade de uma preparação prévia antes de divulgar a existência do programa. Mesmo que já tenham ocorrido casos de consumo ou porte dentro da escola, ansiedade e urgência não podem servir de estímulo para um trabalho que por definição é de longo prazo, sem tempo definido de duração. Vencidos os obstáculos iniciais, é necessário identificar os professores dispostos a desenvolvê-lo e investir na capacitação desses profissionais. Capacitá-los adequadamente é uma das mais importantes etapas de implantação de um programa. Cursos, eventos sobre o tema, estudo, reuniões... a equipe deve ser estimulada a buscar conhecimento e ter seu esforço reconhecido desde o início. Deve também ter um espaço para se reunir e ser remunerada. Ainda podemos acrescentar que a escola deve ter um profissional responsável pelo programa, um coordenador que possa ser referência sobre o assunto. Ele fica encarregado da curadoria do conteúdo necessário ao trabalho, da atualização constante da equipe e do contato com as famílias quando necessário.

Buscar e manter o contato com especialistas em prevenção de drogas em escolas ou em dependência química deve ser levado em consideração. Investir em uma consultoria especializada pode acelerar a implantação do programa e também dotá-lo da consistência necessária para que a escola, no futuro, possa ter o trabalho de prevenção como um dos diferenciais.

26.
COMO A ESCOLA PODE TRABALHAR A DISCUSSÃO SOBRE PROIBIÇÃO/ REGULAMENTAÇÃO DAS DROGAS?

Se a escola já incluir o tema "drogas" em seu projeto político-pedagógico, fica mais fácil debater com os alunos. Um bom caminho é o professor agir como um facilitador da discussão, dentro de um espaço estruturado. O professor deve auxiliar o aluno a ser autodidata, principalmente na discussão de temas mais polêmicos e opinativos. Se houver espaço, o ideal é trazer a discussão para a sala de aula e debater o assunto de forma que todos possam participar.

A seguir listamos algumas possibilidades de atividades:

— Levantamento das diferentes legislações existentes sobre o uso e porte de drogas no mundo;

— Pesquisa sobre as causas e consequências da legalização;

— Discussão sobre os diferentes níveis e significados de políticas de restrição do consumo;

— Investigação sobre o histórico de políticas de restrição de álcool e tabaco, incluindo o período da Lei Seca nos Estados Unidos;

— Um tipo de tribunal (os alunos fazendo o papel de advogados de defesa e promotores) defendendo diferentes pontos de vista sobre a questão.

É importante que o professor se informe em profundidade sobre o conjunto de evidências científicas antes de iniciar discussões em classe.

A possibilidade de realizar atividades como as descritas é maior em escolas particulares. Na rede pública, infelizmente, é raro haver programas regulares de prevenção ao uso de drogas. Normalmente são as ações isoladas de professores, diretores ou então as palestras realizadas por representantes do Programa Educacional de Resistência às Drogas e à Violência vinculado à Polícia Militar (Proerd) as únicas iniciativas protetoras desenvolvidas.

Esse programa foi criado nos Estados Unidos em 1989, com o acrônimo Dare (Drug Abuse Resistance Education), o programa hoje está em mais de 58 países. Inclusive no Brasil, onde foi implantado pela polícia carioca em 1992 e dez anos depois já estava disponível em todos os estados brasileiros.

Policiais treinados vão às escolas para desenvolver trabalhos de valorização da vida com alunos e pais. As ações podem variar em cada estado, mas normalmente são dois encontros curtos com crianças a partir dos 4 anos. O número de intervenções dobra com alunos de 6 a 8 anos e chega a um total de 10 com alunos entre os 10 e 14 anos, principal foco desse programa. Essa iniciativa é mais comum nas escolas públicas, pois as particulares mesmo quando não desenvolvem um trabalho de educação preventiva, mostram-se resistentes a intervenções externas.

Ainda que a escola não desenvolva um programa, o verdadeiro educador deve se informar sobre o tema.

Na segunda parte do livro, há uma série de atividades e fontes de informação sobre as drogas e os assuntos relacionados que podem ajudar a formar uma Rede de Aprendizado Pessoal (tradução livre de *Personal Learning Network*)

27.
O QUE A ESCOLA PODE FAZER PARA REDUZIR A INFLUÊNCIA DAS PROPAGANDAS DE BEBIDA ALCOÓLICA?

Embora o ideal seja uma redução drástica nas propagandas, assim como já aconteceu com as de cigarro, existem estratégias que podem ser utilizadas pelas escolas.

As leis brasileiras avançaram a ponto de hoje, produtos elaborados com tabaco, só serem divulgados nos pontos de venda (uma lei já aprovada, mas ainda não regulamentada, proíbe também esse recurso). Nada de imagens em paradas de ônibus, outdoors, revistas, nem comerciais engraçadinhos na TV, patrocínio esportivo ou cultural como acontece com as cervejas. A Lei Federal n. 9.294/96 permite a propaganda de bebida alcoólica, no rádio e na TV, entre 21h30 e 6h. Seria aceitável, mas a mesma lei considera bebida alcoólica somente aquelas com teor alcoólico de 13 graus Gay-Lussac. Assim, para essa lei, cerveja

não é considerada bebida alcoólica. Como a maioria delas não passa dos 5 graus GL, a indústria aproveita-se dessa brecha e nos bombardeia com imagens do produto, desde muito cedo, em vários formatos, em várias mídias.

Sem restrições ou políticas públicas responsáveis, a promoção do álcool ganha de goleada das ações preventivas. É uma competição muito desleal.

De qualquer forma, é importante tentar e isso passa por educar os jovens sobre a mídia, porque ela cria uma realidade própria. Para evitar que crianças e jovens continuem imaginando o "mundo" como representado nas propagandas de cerveja, é importante conhecer as diferentes linguagens utilizadas, como interagem e quais são as estratégias mais comuns. Essa "alfabetização midiática" (tradução livre de *media literacy*) também ajuda a escola a dotar os jovens das competências necessárias para uma análise crítica da mídia e do que ela produz.

Tem se demonstrado que *media literacy* como estratégia de promoção de saúde também ajuda os jovens que dela participam a melhorar sua capacidade de leitura, análise e interpretação. O que por si só já garantiria a possibilidade de uma análise mais crítica e responsável da mídia, mas podemos ser ainda mais específicos citando recentes pesquisas que demonstram as vantagens no campo da prevenção de drogas.

Em uma delas, meninos e meninas apresentaram diferenças na percepção das abordagens, mas os dois grupos conseguiram ser mais críticos e céticos sobre as mensagens favoráveis ao consumo de álcool difundidas na televisão. Baseados nisso, os autores sugerem também que estratégias pedagógicas de *media literacy* diferenciadas por gênero podem aumentar sua efetividade. Em outra pesquisa, também se avaliou o papel dos pais no desenvolvimento de estratégias de *media literacy* e na prevenção ao uso de drogas. Foi observado que aqueles que se interessam em saber como os filhos percebem as mensagens midiáticas desempenham importante papel na consolidação das competências de avaliação e senso crítico. Os autores afirmam que deficiências na capacidade de avaliar adequadamente as mensagens transmitidas podem levar os jovens a adotar comportamentos de risco que tenderiam a aumentar na vida adulta.

Em nossa prática foi possível confirmar que o significado da mídia pode variar de acordo com a audiência. As experiências pessoais, conhecimentos e atitudes têm clara influência sobre nossa interpretação. Trabalhar a partir da perspectiva da *media literacy* nos ajuda a compreender que fatores individuais como idade, sexo, raça e condição socioeconômica afetam nossa percepção.

28.
QUAIS SÃO E COMO AGEM AS NOVAS DROGAS – E AS NÃO TÃO NOVAS?

Não é simples manter-se atualizado quando o assunto é drogas. O aumento das pesquisas até ajuda quando se trata de compreender os efeitos e as consequências das drogas mais comuns e conhecidas. O problema é que sempre surge uma "novidade" ou um hábito novo envolvendo uma droga velha. Uma busca geral na internet com o termo "novas drogas", por exemplo, vai disponibilizar mais de 7 milhões de links, uma boa parte falando de drogas ilícitas. Uma parte dessas "novidades" talvez jamais chegue ao Brasil, mas a velocidade das informações hoje em dia e o modo como os jovens compartilham rapidamente os acontecimentos do mundo virtual nos obrigam a ter algum tipo de atualização.

Relacionamos alguns exemplos a partir de sua repercussão em sites e relatórios confiáveis. Na maioria dos casos, utilizamos os termos ingleses por não haver correspondente em português.

— *Inalantes*: não são nenhuma novidade, mas às vezes parecem esquecidos. Os mais co-

nhecidos são "cheirinho da loló", lança-per-
fume, cola de sapateiro, fluido de isqueiro,
gasolina, benzina e acetona. Desodorantes,
aerossóis, buzinas a gás e outros tipos de
spray também têm sido usados pelos adolescentes em busca de efeitos "prazerosos"
causados pela mistura entre polueno, ben-
zeno e o álcool, comumente encontrada em
produtos como esses. A novidade fica por
conta do gás do riso (óxido nitroso – N_2O).
O VI Levantamento Nacional sobre o Consumo de Drogas Psicotrópicas entre Estudantes
do Ensino Fundamental e Médio das Redes
Públicas e Privada de Ensino nas 27 capitais
brasileiras publicado em 2010 pelo Centro Brasileiro de Informações sobre Drogas
Psicotrópicas (Cebrid), revelou que entre
os mais de 50 mil estudantes pesquisados,
8,7% já haviam usado algum tipo de ina-
lante. O gás do riso é um anestésico fraco
utilizado principalmente por dentistas, mas
há também quem o utilize para aumentar
a potência de automóveis. Em doses eleva-
das deixa o usuário eufórico e desinibido.
Algumas pessoas utilizam em conjunto com
outras drogas com o intuito de potenciali-

zar o efeito. O uso prolongado pode provocar deficiência de vitaminas e lesões neurológicas.

— *Legal highs, party pills, herbal ecstasy, bath salts, synthetic cannabis, synthetic cocaine, K2, Spice*: conhecidas como "novas substâncias psicoativas" têm como seu principal "diferencial" o fato de, segundo quem as fabrica, emular os efeitos de drogas conhecidas a partir de substâncias sintéticas ou originárias de plantas psicoativas. Além disso, mudanças químicas frequentes nas formulações impedem que sejam enquadradas como ilegais, facilitando seu comércio "legal" via internet. Embaladas como incenso ou como adubo para plantas chegam praticamente a todo o mundo. Os diferentes tipos já ultrapassam o número de drogas controladas internacionalmente. Costumam ser fabricadas em laboratórios caseiros. Bastante comuns na Europa e nos Estados Unidos, hoje em dia tem na Ásia sua principal fonte de distribuição.

— *Sálvia*: obviamente não é do tempero que pretendemos falar. Trata-se de uma variedade alucinógena, a *Salviadivinorum*. Em 2012, a Anvisa proibiu sua comercialização no território brasileiro. Seu uso teria se difundido a partir do México e posteriormente avançado pelo continente europeu. Também conhecida como "Ska", "Maria Pastora", "menta mágica", produz efeitos que não podem ser comparados a nenhuma outra droga. Não são incomuns os relatos de efeitos alucinógenos bastante desagradáveis e que aumentam de intensidade à medida que as experiências se tornam mais frequentes. Costuma ser fumada ou mascada e é conhecida como uma substituta da maconha, embora seus efeitos sejam completamente diferentes. Em um recente trabalho publicado, os pesquisadores estimam que cerca de 20% dos jovens canadenses utilizem a sálvia, ultrapassando o uso de cocaína e anfetamina.

— *Ketamina*: desenvolvida como anestésico na década de 1960, tornou-se famosa como droga recreativa na década de 1980. "Special K", "Kit Kat", "vitamina K" são alguns dos nomes utilizados para identificar a droga. Costuma provocar alucinações visuais como o LSD e tem seu uso associado à cultura *rave*. Pode ser injetada ou aspirada na forma de pó. Um estudo com 25 usuários frequentes mostrou forte prejuízo na fluência e aprendizagem verbal e na velocidade do processamento cognitivo.

— *Krokodil*: um opiáceo barato derivado da morfina e muito mais potente, a desomorfina, depois de misturada com gasolina, álcool, thinner, recebe o nome popular de "krokodil". Tem sido uma alternativa à heroína na Rússia desde a década de 1990. A pele ao redor do local onde ela foi aplicada necrosa, formando placas escurecidas que lembram um réptil. Daí o seu nome.

— BHO, *ear wax*, *honey*: dissolve-se maconha ou haxixe com gás butano, álcool ou acetona. Dessa forma, obtém-se um óleo com até 80% de concentração de THC (Tetrahidrocanabinol), o princípio ativo da maconha. Uma das formas de uso é enrolar um baseado em um papel embebido nesse óleo. A outra forma é colocar um pedacinho da cera, resultante da solidificação do óleo, em uma superfície quente e inalar os vapores liberados.

— *Ecstasy*, *êxtase*: o princípio ativo é o MDMA (3,4 metilenodioximetanfetamina) e trata-se de uma droga sintética também ligada à cultura das *raves* e música eletrônica. Geralmente, é consumida na forma de pílulas coloridas estampadas com símbolos ou figuras "engraçadas". Ficou conhecida como droga do amor, pela sensação de bem-estar que provoca. Conhecida também como "E", "bala", "pílula do amor", atua diretamente sobre neurotransmissores relacionados ao controle do humor, fome, apetite. Boca seca, aumento da atividade motora e da temperatura corporal, náuseas, crises de pânico estão entre os efeitos adversos. Os desejáveis são a sensação de leveza, o sorriso fácil, hipersensibilidade no tato e pupilas dilatadas que ajudam a aumentar o brilho das luzes. A sensação de apenas abraçar ou ser abraçado é comparável às sensações sexuais mais intensas segundo alguns usuários. O primeiro levantamento, representativo, sobre o consumo de substâncias psicoativas entre estudantes do ensino fundamental (8º e 9º ano) e médio (1º a 3º ano) na rede particular de ensino do município de São Paulo, realizado pelo Cebrid (Centro Brasileiro de Informações sobre Drogas Psicotrópicas) em 2010, encontrou entre os meninos um consumo quase três vezes maior que o das meninas. O consumo também foi três vezes maior entre os alunos do ensino médio.

— *Álcool*: em busca de efeitos mais rápidos, tentam-se outras formas de administração.

Pequenas doses de vodca colocadas no olho, absorventes higiênicos internos (Tampax, OB) embebidos em destilados e introduzidos na vagina ou no ânus já tiveram seu momento de fama. A novidade agora é uma "brincadeira" chamada "neknomination". Um dos chamados *drinking games* teria surgido na Austrália e caracteriza-se por virar um copo de cerveja e escolher outro amigo da roda para fazer o mesmo. A variante radical envolve ser filmado virando uma garrafa de vodca e depois também escolher um "amigo" para fazer o mesmo.

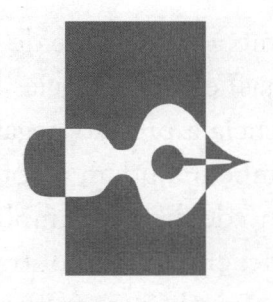

ATIVIDADES NAS ESCOLAS

Maria Estela B. Zanini

As atividades propostas a seguir podem ser utilizadas nas escolas como estratégias de um programa de prevenção ao uso de drogas ou como atividades pedagógicas auxiliares, dentro de um contexto interdisciplinar, a partir do 5º ano do ensino fundamental (confira em cada atividade).

Além de informar, essas atividades colaboram para o desenvolvimento de competências pessoais (como a capacidade de tomar decisões e resolver problemas) e competências sociais (como resiliência e resistência à pressão negativa do grupo de amigos). Elas também ajudam a combater ideias falsas sobre consumo de drogas e ampliam as noções de promoção à saúde, entre várias outras possibilidades.

Com algumas modificações, um pouco de criatividade e bom senso, algumas das propostas também podem ser desenvolvidas no ambiente familiar do adolescente, servindo como ponto de partida para uma conversa entre pais e filhos.

Nosso principal objetivo é motivar pais e professores para que desenvolvam suas próprias atividades, adaptando-as e ampliando-as de acordo com suas necessidades.

ATIVIDADE 1

Dramatização "É uma droga!"
e elaboração de uma redação sobre o tema.

- **Tema:** *droga* como conceito negativo
- **Objetivo:** fazer os alunos refletirem sobre o significado da expressão "É uma droga!" e propor alternativas para lidar com situações frustrantes. Conceituar a palavra "droga".
- **Disciplinas:** Português, Artes, orientação Educacional.
- **Nível de ensino:** 5º ou 6º ano do ensino fundamental.
- **Desenvolvimento:**

Aquecimento – O professor pede aos alunos que lembrem situações inesperadas, que provocam mudanças de planos e levam à sensação de frustração. Exemplos:

— Fim de semana na praia e começa a chover sem parar – "Que droga!!!"

— Vontade de comer brigadeiro, mas acabou o leite condensado – "Que droga!!!"

Dramatização – A classe deverá ser dividida em grupos de quatro alunos. Cada grupo pensará em uma situação frustrante e, a partir dela, desenvol-

103

verá uma cena (dramatização), que termine com a expressão "Que droga!". A partir das cenas apresentadas, o professor aponta para o sentido negativo dessa expressão, utilizada diante de situações frustrantes. A seguir, pede que a turma faça sugestões a fim de transformar as cenas apresentadas, para que tenham um final feliz. Cabe ao professor apontar a *necessidade de aprendermos a lidar com as frustrações, buscando alternativas saudáveis de prazer.*

Para finalizar, os alunos devem pesquisar (em sala) os significados possíveis para a palavra "droga"; entre os significados encontrados, o professor inclui e apresenta aos alunos o conceito de droga, segundo a Organização Mundial de Saúde (OMS).

Redação – a dramatização e a discussão também servem de base para a elaboração de uma redação que contemple a questão da *necessidade de aprendermos a lidar com as frustrações, buscando alternativas saudáveis de prazer.*

ATIVIDADE 2

Criação de um livrinho com o tema
"Coisinhas à toa que me fazem feliz".

- **Tema:** autoestima x drogas
- **Objetivo:** proporcionar aos alunos uma reflexão sobre pequenos prazeres do cotidiano que, na maioria das vezes, passam despercebidos; ajudá-los a reconhecer e valorizar esses momentos agradáveis, que trazem sensação de bem estar e contribuem para a elevação da autoestima.

  Valorizar a importância da diversidade de opiniões dentro de um grupo, que aparecerá nas diferentes interpretações do que significa "sentir-se feliz".
- **Disciplinas:** Português, Artes, Orientação Educacional.
- **Nível de ensino:** 5º ou 6º ano do ensino fundamental.
- **Desenvolvimento:** O professor inicia aula pedindo aos alunos que lembrem pequenos momentos ou situações cotidianas que trazem os sentimentos de *felicidade* e *satisfação*. Nessa etapa da aula, é importante que o professor valorize momentos ou situações desvinculados de ganhos materiais, como assistir a determinado programa, bater um bolo, praticar certo esporte, viajar, visitar os avós,

conversar com os amigos. Depois disso, cada aluno receberá duas folhas de sulfite e deverá dobrá-las e cortá-las ao meio por duas vezes, de modo que sejam formados quatro retângulos a partir de cada folha. Os retângulos serão sobrepostos e unidos com um grampo (grampeador) formando um livrinho de oito folhas (tamanho aproximado: 10,5 cm x 15,0 cm). A seguir, os alunos ilustrarão o livro colocando em cada página uma frase e um desenho relacionados às suas lembranças de felicidade. Ao final da atividade, os alunos compartilham o trabalho lendo algumas de suas frases para a turma. Caberá ao professor estabelecer a relação entre bem-estar e autoestima, valorizando o cuidado com a saúde emocional.

Obs.: como descrito na questão 23, a prevenção às drogas pode ser feita por meio de vários modelos. A atividade aqui proposta deve ser entendida como uma estratégia do *modelo da educação afetiva*, cujo objetivo central é desenvolver e fortalecer a autoestima por meio de atividades que ajudem na estruturação psicológica do jovem. Sugerimos que essa atividade seja pensada dentro de um programa maior.

ATIVIDADE 3

Introdução ao tema drogas utilizando
a linguagem simbólica de histórias infantis,
por exemplo A Bela Adormecida.

- **Tema:** drogas – início de uma conversa a partir de referenciais conhecidos dos alunos.
- **Objetivos:** iniciar com os alunos uma conversa sobre a experimentação e o uso de drogas, utilizando a simbologia de uma história infantil.
- **Disciplinas:** Português, Artes, Orientação Educacional.
- **Nível de ensino:** 8º e 9º ano do ensino fundamental.
- **Desenvolvimento:** o professor leva para a turma ilustrações da história *A Bela Adormecida* (pode projetá-las ou imprimi-las em folhas de papel) e pede que os alunos contem a história tal como a conhecem desde a infância. (Caso os alunos não conheçam a história, o professor deverá contá-la por completo). Em seguida, o professor pede que os alunos imaginem um conto moderno, no qual a "morte" da Bela Adormecida seja causada pelo uso de uma droga. O professor, por meio de perguntas para a classe, auxilia os alunos a relacionar a his-

tória da Bela Adormecida com a experimentação das drogas, discutindo temas como: a superproteção familiar e o "mal" que nem sempre pode ser evitado, a curiosidade do adolescente e a falta de informação que o leva a experimentar substâncias e situações perigosas, o papel dos amigos e outras pessoas no resgate do indivíduo.

Sugestão de roteiro para trabalho com a história – perguntas para o professor fazer:

— No início da história, por que o Rei (pai da Bela Adormecida) não convidou a bruxa má para o batismo? Por que mandou queimar todas as rocas do reino e decidiu enviar a Bela Adormecida para viver com as fadas na floresta?

— A princesa volta ao castelo quando tinha 15 anos e fura o dedo na roca de fiar. Por que isso acontece na história?

— Qual é o papel do Príncipe?

A partir dessas questões, convide os alunos à reflexão: considerando nossas vidas, é possível banir todo o mal do mundo? Como é possível conviver com o mal? Qual a relação das atitudes do Rei com alguns comportamentos de pais de adolescentes? Como vocês relacionam essa história com a experimentação das drogas? O que poderia significar um "sono profundo"? Na vida real, quais são as pessoas que desempenham o papel do Príncipe?

Obs.: Atividade inspirada no livro *Doces venenos: conversas e desconversas sobre drogas*, de Lídia Rosenberg Aratangy. Essa atividade pode ser utilizada como primeira aula de um curso de prevenção.

ATIVIDADE 4

*Análise de campanhas contra
uso/abuso de drogas (ilícitas).*

- **Tema:** droga – propagandas antidrogas (material existente).
- **Objetivo:** apresentar aos alunos os efeitos das drogas no organismo, bem como as consequências de seu uso/abuso para a família e para a sociedade; fazer a relação entre *tráfico de drogas* e *violência*.
- **Disciplinas:** Português, Artes, Geografia, História, Orientação Educacional.
- **Nível de ensino:** 9º ano do ensino fundamental ou ensino médio (dependerá da adequação do conteúdo das propagandas antidrogas selecionadas pelo professor).
- **Desenvolvimento:** o professor selecionará vídeos de campanhas contra as drogas no YouTube. Nossa sugestão é que ele escolha propagandas da Associação Parceria Contra Drogas, pois há uma imensa variedade de filmes publicitários, com duração média de 30 segundos, que utilizam diferentes linguagens e múltiplas abordagens, atingindo diferentes públicos-alvo. É importante que o professor faça uma seleção bastante variada e evite propagandas que apelem apenas para o terror. Os adolescentes

costumam gostar das propagandas que assustam ou chocam, mas isso não significa que esse tipo de campanha produza reflexões e discussões profundas e interessantes sobre o tema das drogas.

Os alunos assistirão à exibição de 10 a 12 campanhas previamente selecionadas pelo professor e, após a projeção, organizados em duplas, responderão às seguintes questões:

— De qual campanha vocês mais gostaram? Por quê?

— De qual campanha vocês gostaram menos? Por quê?

— A partir da análise das campanhas, respondam o que vocês aprenderam sobre: 1) efeitos das drogas para o indivíduo; 2) relação entre violência e drogas; 3) as consequências do uso de drogas para a família do usuário; 4) as consequências do uso de drogas para a sociedade.

Terminada a tarefa, cada dupla apresenta suas respostas para toda a turma. O professor pode fazer um levantamento das propagandas contra drogas de que os alunos mais gostaram e discutir com eles os critérios de escolha, o conteúdo, a mensagem. Ele também poderá apresentar questões do tipo: o que chama a atenção de vocês em uma campanha contra drogas? Que tipo de campanha vocês consideram mais eficiente? Vocês consideram importante a veiculação de campanhas contra drogas? Por quê?

ATIVIDADE 5

*Elaboração de campanhas contra
uso/abuso de drogas (ilícitas).*

- **Tema:** droga – propagandas antidrogas (material próprio).

- **Objetivo:** apresentar aos alunos os efeitos das drogas no organismo bem como as consequências de seu uso/abuso para a família e para a sociedade; fazer a relação entre *tráfico de drogas* e *violência*.

  Ensinar aos alunos como fazer uma campanha de prevenção ao uso/abuso de drogas específicas para um grupo de adolescentes, uma escola, uma realidade conhecida.

- **Disciplinas:** Português, Artes, Geografia, História, Orientação Educacional.

- **Nível de ensino:** 9º ano do ensino fundamental ou ensino médio (dependerá do conteúdo das propagandas antidrogas selecionadas inicialmente pelo professor).

- **Desenvolvimento:** o professor selecionará vídeos de campanhas contra as drogas no YouTube. Para essa atividade, é importante que o professor tenha o cuidado de escolher campanhas com diferentes linguagens e múltiplas abordagens, elaboradas para diferentes públicos-alvo.

Os alunos assistirão à exibição das campanhas e, após a projeção, organizados em grupo de 4 ou 5, deverão analisá-las, observando: tipo de abordagem (humor, informação, terror, ironia...), droga abordada na campanha (drogas em geral, maconha, cocaína, crack...), efeitos sonoros e visuais utilizados, público-alvo. Após a análise, os grupos apresentam para a turma o resultado desse trabalho. Numa próxima etapa, os grupos são convidados a desenvolver campanhas de prevenção ao uso/abuso de drogas escolhendo sobre qual delas falarão, o público-alvo e o tipo de abordagem a ser adotada. As campanhas podem ser elaboradas em programas ou aplicativos que permitam a confecção de apresentações ou filmes. As melhores campanhas deverão ser apresentadas à comunidade escolar por meio do site da escola. A critério do professor, ou no caso de a escola não dispor dos recursos técnicos necessários à elaboração de uma apresentação, a campanha poderá ser veiculada por meio de cartazes, panfletos, *slogans* ou *jingles*.

ATIVIDADE 6

Apresentação e discussão das estratégias de propaganda, de bebidas alcoólicas veiculadas nos meios de comunicação.

- **Tema:** publicidade e propaganda de bebidas alcoólicas – visão crítica.

- **Objetivo:** proporcionar aos alunos momentos de reflexão e pesquisa sobre as principais técnicas utilizadas nas propagandas de bebidas alcoólicas, com o objetivo de seduzir o consumidor. Desenvolver estratégias para lidar com as pressões da mídia para o consumo de álcool.

- **Disciplinas:** Português, Artes, Informática, Ciências, História.

- **Nível de Ensino:** 8º e 9ª do ensino fundamental e ensino médio.

- **Desenvolvimento:** o professor iniciará a aula pedindo aos alunos que recordem algumas propagandas veiculadas na TV. Os alunos contarão, resumidamente, a propaganda e o motivo pelo qual ela foi lembrada. A seguir, o professor apresentará algumas das técnicas utilizadas nas campanhas publicitárias, com o objetivo de atrair o consumidor.

As técnicas mais comuns são:

— Popularidade ("Todas as pessoas legais têm esse produto, eu não quero ficar de fora");

— Endosso ("Pessoas famosas dizem coisas boas sobre esse produto, então deve ser realmente bom");

— Mundo ideal ("Tudo e todos associados a esse produto são perfeitos, então minha vida ficará melhor se eu comprá-lo");

— Efeitos artísticos ("A música, o design e a animação são lindos, então o produto é lindo");

— Excitação ("Uau! Comprar esse produto pode ser mais excitante que uma final de campeonato");

— Repetição ("Vou lembrar o nome do produto na próxima vez que eu fizer compras");

— Promessas emocionais ("Se eu comprar esse produto, com certeza eu vou ser o/a mais popular da minha escola");

— Exagero ("Esse produto é a coisa mais importante da minha vida").

A seguir, o professor exibirá algumas propagandas de bebidas alcoólicas (impressas ou em vídeo) e pedirá aos alunos que descrevam seus elementos (texto/mensagem, cena, local, linguagem corporal, objetos de cena, fotografia, tipo de música utilizada, personagens). Sugerimos que o professor selecione propagandas em revistas (atuais e antigas) e no YouTube. Para finalizar a aula, o professor deverá mostrar aos alunos que as propagandas de bebidas utilizam as mesmas técnicas das propagandas de produtos em geral. Na tentativa de seduzir o consumidor, o álcool não é vendido a partir de suas características, mas sim a partir do significado que cada um atribui ao seu consumo. Daí a importância de se desenvolver uma visão crítica em relação às propagandas em geral e, especificamente, em relação à publicidade das bebidas alcoólicas.

ATIVIDADE 7

Exibição do vídeo Tapa na Pantera
com a atriz Maria Alice Vergueiro
e discussão.

- **Tema:** maconha.
- **Objetivos:** fornecer ao aluno informações sobre a maconha, visando à promoção da saúde. Apresentar os efeitos do uso da maconha sobre o SNC (Sistema Nervoso Central) e suas consequências na vida do usuário.
- **Disciplinas:** Ciências, Biologia, Orientação Educacional.
- **Nível de ensino:** 9º ano do ensino fundamental ou ensino médio.
- **Desenvolvimento:** O professor inicia a aula pedindo aos alunos que falem livremente palavras relacionadas à maconha (técnica de *brainstorn*) e escreve-as na lousa. A partir das palavras ditas, o professor estimula os alunos a expor seus conhecimentos e crenças sobre essa droga (e fornece as explicações necessárias para que toda a turma saiba do que se está falando, por exemplo: se palavras como "baseado" ou "bagulho" forem ditas, o professor pergunta se todos sabem o que é isso e ex-

plica o significado; se aparecer a palavra "rastafári" ou "reggae", o professor pergunta qual a relação da maconha com elas).

A seguir, o professor exibe o filme *Tapa na Pantera* (disponível no YouTube), aponta a incoerência entre o discurso da personagem e suas ações e analisa alguns dos efeitos do uso dessa droga, apontados no filme. A personagem de Maria Alice, por exemplo, afirma que a maconha não afeta sua memória, mas ela pretende tomar um chá para recuperá-la e esquece o próprio nome; conta que não é viciada, mas fuma todos os dias; apresenta uma fala mansa e muitas vezes desconexa. Aproveitando o filme, o professor conversa sobre os efeitos do uso da maconha sobre o sistema nervoso central, enfocando a ação sobre as capacidades cognitivas e emocionais do indivíduo.

Para finalizar, o professor pode apresentar a figura do cérebro humano com os receptores canabinoides e apontar todas as áreas afetadas pelo uso da maconha. Uma imagem interessante pode ser acessada no link: <http://apps.einstein.br/alcooledrogas/novosite/atualizacoes/as_144.htm>.

ATIVIDADE 8

Exibição do filme editado Viagem sem destino.

- **Tema:** drogas e valores éticos.
- **Objetivo:** levar os alunos à reflexão sobre a questão ética que envolve a legalização das drogas. Discutir sobre a importância de a sociedade impor limites ao uso e ao abuso de drogas. Relacionar dependência química e desrespeito aos direitos humanos.
- **Disciplinas:** Português, História, Geografia, Inglês, Orientação Educacional, Filosofia.
- **Nível de ensino:** 9º ano do ensino fundamental ou ensino médio.
- **Desenvolvimento:** O professor deverá exibir do filme apenas o trecho em que o personagem Neal chega a uma cidade (Banton) em que o consumo de certa droga psicotrópica (Euphoria) é lícito. Após a exibição, os alunos devem comentar os valores presentes, tais como: honestidade e desonestidade, violência e diálogo, egoísmo e altruísmo, liberdade como possibilidade de escolha.

Sugestões de questões para o professor estimular o debate:

— Por que a Euphoria é uma droga lícita em Banton?

— Quais os efeitos dessa droga?

— Os jovens dependentes dessa droga são livres? Por quê?

— Qual o significado do código de barras na entrada da balada?

— Há semelhanças entre o policial que oferece a droga à Neal e os traficantes em nosso mundo? Quais são?

— Por que Neal recusou-se a usar a droga e também não aceitou a "recompensa" oferecida pelo policial?

ATIVIDADE 9

Exibição do documentário Fumando espero.

- **Tema:** tabaco como droga que causa dependência entre outros danos à saúde.
- **Objetivo:** dar aos alunos informações sobre a dependência do tabaco e suas consequências para o organismo; conscientizá-los sobre a grande dificuldade que os fumantes têm quando decidem parar de fumar.
- **Disciplinas:** Português, História, Geografia, Inglês, Orientação Educacional, Filosofia.
- **Nível de ensino:** 9º ano do ensino fundamental ou ensino médio.
- **Desenvolvimento:** após a exibição do documentário em classe, o professor abre espaço para que os alunos façam comentários: o que mais chama atenção no filme? Qual sua mensagem? Uma forma interessante de finalizar a atividade é apresentar aos alunos as consequências do uso do cigarro de tabaco para o organismo. Outra alternativa é solicitar aos alunos uma pesquisa complementar ao que foi discutido em aula após a exibição do vídeo.

ATIVIDADE 10

Exibição de um trecho do filme
Percy Jackson e o ladrão de raios *e discussão.*

- **Tema:** drogas – efeitos, riscos e consequências.

- **Objetivos:** iniciar com os alunos uma conversa sobre a experimentação e o uso de drogas, utilizando a simbologia de um filme para adolescentes; conversar com os alunos sobre os efeitos de uma droga psicotrópica, principalmente no que se refere à interferência negativa em planos e projetos de vida.

- **Disciplinas:** Português, Geografia, Inglês, Orientação Educacional, Filosofia.

- **Nível de ensino:** 9º ano do ensino fundamental ou ensino médio.

- **Desenvolvimento:** o professor deve apresentar aos alunos o trecho do filme *Percy Jackson e o ladrão de raios* que se inicia quando a personagem principal e seus amigos chegam a Las Vegas (no cassino Flor de Lótus) e finaliza quando o grupo deixa a cidade. Após a exibição, o professor inicia uma discussão sobre o trecho do filme, apresentando-o como uma boa metáfora da ação das drogas sobre indivíduos, enfocando: pressão para experimentação, falta de informação sobre a droga, prazer proporcionado, dependência, perda de foco e da noção do tempo. Questões sugeridas:

— Por que Percy e amigos aceitaram a flor de lótus? (sedução, atração, desconhecimento dos efeitos).

— O que aconteceu enquanto eles estiveram sob o efeito da flor/droga? (prazer, perda de foco, ação por impulso e perda da capacidade de raciocínio).

— O que fez Percy "acordar"? (voz do pai como metáfora da voz da consciência, que faz relembrar o objetivo inicial, resgate dos princípios).

Após a discussão, o professor entrega folhas de papel sulfite aos alunos e pede que reflitam e escrevam sobre seus sonhos e projetos de vida. Caberá ao professor estimulá-los para que eles, realmente, se permitam sonhar e pensar em projetos com os quais se sentiriam satisfeitos, realizados. Depois, questiona de que maneira o uso de drogas pode atrapalhar a realização desse sonho ou projeto. Os alunos escrevem sobre isso e, ao final, aqueles que se sentirem à vontade, podem compartilhar com os colegas suas reflexões. O professor encerra a discussão e recolhe o material produzido pelos alunos.

ATIVIDADE 11

Concordo e discordo.

- **Tema:** drogas em geral (informação).
- **Objetivo:** ampliar as informações que os alunos têm sobre os tipos de drogas e seus mecanismos de ação bem como os fatores que contribuem para a dependência, visando à prevenção ao uso/abuso.
- **Disciplinas:** Ciências, Biologia, Orientação Educacional.
- **Nível de ensino:** 9º ano do ensino fundamental ou ensino médio.
- **Desenvolvimento:** essa estratégia de aula é recomendada para aprofundar o conhecimento de turmas que já têm algumas informações sobre drogas. O professor escolhe o tema a ser desenvolvido (drogas em geral, tabaco, álcool ou maconha) e prepara uma série de afirmações que serão apresentadas aos alunos. No início da aula, o professor entrega a cada aluno um cartão vermelho e um verde. Para cada afirmação lida, os alunos deverão levantar o cartão vermelho quando concordarem com ela, ou o verde quando discordarem. Caberá ao professor coordenar a discussão quando as opiniões dos alunos forem divergentes e complementar com as informações necessárias.

Nesse caso, o professor ouvirá argumentos dos alunos que concordam com cada afirmação e os que não concordam. Isso permite ao professor identificar as crenças dos jovens em relação às drogas. No fim, porém, o professor deve responder às questões com informações atualizadas, sempre levando em conta os argumentos dos alunos. Afirmações que sugerimos:

— Maconha faz mal à saúde.

— Cerveja tem teor alcoólico baixo e, portanto, deveria ser liberado para menores de idade.

— Beber demais só de vez em quando não é problema.

— Todo mundo que experimenta uma droga se torna dependente.

— Drogas lícitas (cerveja e álcool) são menos perigosas que as ilícitas (maconha, cocaína...).

— O narguilé elimina os produtos nocivos da fumaça do tabaco.

— Fumar narguilé não causa dependência.

— O cigarro eletrônico pode ser utilizado por adolescentes, pois não prejudica a saúde.

ATIVIDADE 12

Exibição e debate do filme
Meu nome não é Johnny.

- **Tema:** uso e abuso de drogas; narcotráfico.
- **Objetivos:** levar o aluno a compreender como o uso de drogas pode evoluir para abuso e tráfico.
- **Disciplinas:** Português, Geografia, Filosofia, Orientação Educacional.
- **Nível de ensino:** ensino médio.
- **Desenvolvimento:** o professor exibe o filme e coordena o debate com os alunos. Alguns aspectos importantes a serem abordados são: a passagem gradativa do consumo de drogas ao tráfico; a questão moral apresentada pela falta de discernimento entre bem e mal; as escolhas que determinaram as trajetórias de vida das personagens (com ênfase na personagem principal); o papel da família e dos amigos.

O filme e o debate podem servir de aquecimento para o início de um trabalho em grupo sobre narcotráfico. O professor dividirá a classe em grupos, que deverão pesquisar o que é narcotráfico:

- Quais as principais drogas ilícitas vendidas (traficadas) no Brasil?
- Qual a relação entre tráfico de drogas e violência?
- Definir proibição, descriminalização e legalização (regulamentação) do uso de drogas, apresentando os aspectos positivos e negativos de cada uma.

ATIVIDADE 13

Análise e interpretação de gráficos

- **Tema:** epidemiologia do consumo de drogas.
- **Objetivo:** Compreender os efeitos sociais do abuso de drogas com base em informações confiáveis disponíveis em pesquisas. Analisar os resultados de pesquisas sobre o consumo de drogas lícitas e ilícitas no Brasil. Desenvolver a capacidade de elaborar um texto a partir da análise de um gráfico estatístico. Iniciar uma reflexão sobre o consumo de drogas lícitas e ilícitas no Brasil.
- **Disciplinas:** Matemática, Ciências e Português.
- **Nível de ensino:** 7º e 8º anos do ensino fundamental.
- **Desenvolvimento:** o professor divide a classe em grupos e entrega a cada um diferentes gráficos com dados sobre consumo de drogas no Brasil. Os gráficos podem ser obtidos a partir de pesquisas sobre a epidemiologia do consumo de drogas, publicadas por diversas instituições. Sugerimos o material disponível no II Lenad (Levantamento Nacional de Álcool e Drogas), publicado no site do Inpad (Instituto Nacional de Ciência e Tecnologia para Políticas Públicas do Álcool e Outras Drogas).

Os alunos deverão analisar os gráficos e os dados recebidos. A seguir, cada grupo elabora um pequeno texto explicativo sobre os gráficos analisados. Para finalizar a aula, os grupos apresentam os gráficos e seus respectivos textos explicativos para a turma.

Exemplo:

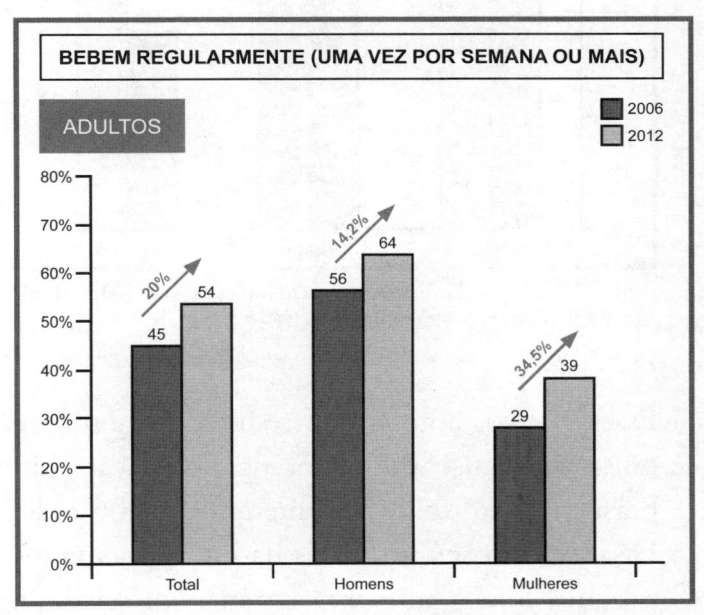

Fonte: <http://inpad.org.br/wp-content/uploads/2013/04/LENAD_ALCOOL_Resultados-Preliminares.pdf>.

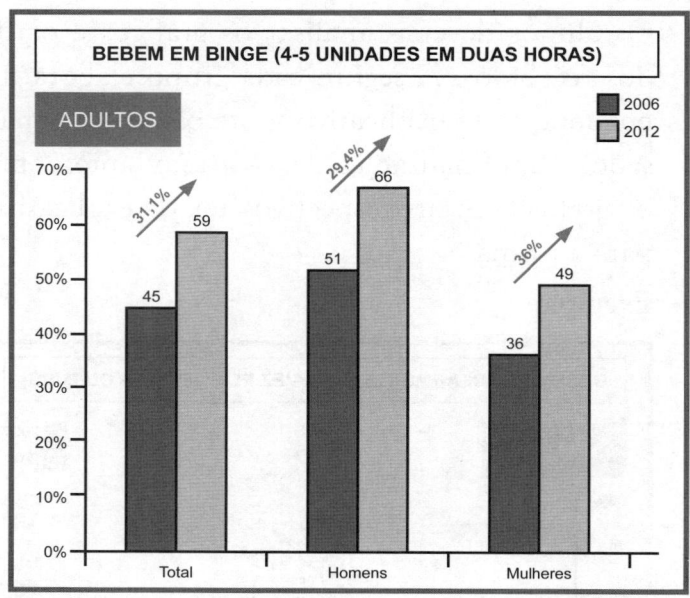

Fonte: <http://inpad.org.br/wp-content/uploads/2013/04/LENAD_
ALCOOL_Resultados-Preliminares.pdf>.

Esses gráficos apresentam resultados de uma pesquisa sobre uso de álcool na população adulta brasileira, em dois anos diferentes: 2006 e 2012. Discuta com seu grupo os dados apresentados e, a seguir, escreva um texto sintético que explique o gráfico e apresente as conclusões do grupo sobre os resultados da pesquisa.

ATIVIDADE 14

*Criação de cartazes de prevenção
ao uso de tabaco.*

- **Tema:** prevenção ao uso de tabaco.

- **Objetivo:** proporcionar momentos de reflexão e criatividade desenvolvendo material de divulgação para campanhas institucionais de prevenção ao uso de tabaco. Desenvolver projetos ligados à cidadania.

- **Disciplinas:** Português, Artes, Informática, Ciências.

- **Nível de ensino:** ensino fundamental 2 e ensino médio.

- **Desenvolvimento:** a proposta dessa atividade é fazer com que professores de diferentes disciplinas desenvolvam um projeto multidisciplinar. Pode-se começar com o professor de Ciências, que desenvolve, junto aos alunos, atividades de pesquisa sobre os efeitos do tabaco no organismo. O professor de Português pode selecionar e trabalhar textos cujo tema central seja a dependência do tabaco. Nessa primeira etapa, os alunos são estimulados a buscar informações e discutir questões relacionadas ao uso de tabaco. Num segundo momento, o professor de Artes desenvolve a proposta de elaboração dos cartazes de conscientização. Se a escola dispuser de recursos tecnológicos, o material também pode ser produzido utilizando programas de criação de cartazes ou apresentações. A fim de conscientizar a comunidade escolar sobre os problemas relacionados ao uso de tabaco, sugerimos que a apresentação dos cartazes ocorra uma ou duas semanas antes das seguintes datas: Dia Mundial sem Tabaco (31/05) e Dia Nacional sem Tabaco (29/08).

ATIVIDADE 15

*Criação de material informativo
para divulgação na escola.*

- **Tema:** drogas ilícitas: maconha, crack, inalantes, anabolizantes, anfetaminas.

- **Objetivo:** proporcionar aos alunos do ensino médio momentos de pesquisa, aprendizado, reflexão e criatividade. Valorizar a pressão positiva do grupo através da criação de material para divulgação de informações sobre drogas. Desenvolver nos alunos mais velhos a preocupação com exemplos positivos.

- **Disciplinas:** Português, Biologia, Química, Artes, Informática.

- **Nível de ensino:** ensino médio.

- **Desenvolvimento:** os alunos devem trabalhar em grupos e desenvolver material informativo a fim de divulgar informações sobre drogas ilícitas. Professores de diferentes disciplinas deverão coordenar o trabalho dos subgrupos. Sugestão: "Dicas *Teens*: O que é importante saber sobre..." As dicas podem ter os seguintes tópicos:

— Os fatos: efeitos da droga no organismo.

— Antes de você arriscar: conheça as leis, conheça os riscos; mantenha-se informado; respeite seus limites.

— Conheça os sinais: informações para reconhecer o uso da droga.

— Onde buscar informações: sites, publicações ou profissionais que poderiam fornecer informações qualificadas.

O resultado do trabalho poderá ser publicado na internet na forma de blog, vídeo ou apresentação.

FONTES DE INFORMAÇÃO

Sugestões de leitura e bibliografia

Araújo, T. *Almanaque das drogas*. São Paulo: Leya, 2012.

Buckingham, D. *Media Educacion*: Literacy, Learning and Contemporary Culture. Estados Unidos: Polity, 2010.

Chester, J.; Montgomery, K. Dorfman, L. *Alcohol Marketing in the Digital Age*. Estados Unidos, 2010. Disponível em: <http://goo.gl/yYCm7U>. Acesso em: 14 jan. 2014.

De Micheli, D. et al. *Coleção diálogos sobre drogas*. São Paulo: Casa do Psicólogo, 2013.

Duailibi, S.; Pinsky, I.; Laranjeira, R. *Álcool e direção*: beber ou dirigir – um guia prático para educadores, profissionais da saúde e gestores de políticas públicas. São Paulo: Editora Unifesp, 2010.

Galduróz, J. C. F. et al. vi Levantamento Nacional Sobre o Consumo de Drogas Psicotrópicas Entre Estudantes do Ensino Fundamental e Médio da Rede Pública de Ensino nas 27 Capitais Brasileiras. São Paulo Cebrid/Senad, 2010. Disponível em: <http://www.cebrid.epm.br/index.php>. Acesso em: 14 jan. 2014.

Gigliotti, A.; Carneiro, E.; Aleluia, G. *Drogas*: aprenda a ajudar pessoas a se livrar de dificuldades com álcool e drogas. Rio de Janeiro: Best Seller, 2007.

HASTINGS, G.; ANGUS, K. *Under the Influence*: The damaging effect of alcohol marketing on Young People. Inglaterra, 2009. Disponível em: <http://goo.gl/gA78rZ>. Acesso em: 14 jan. 2014.

HOBBS, R. *Digital and Media Literacy*: Conecting Culture and Classroom. Estados Unidos: Corwin, 2011.

INTERNATIONAL STANDARDS on Drug Use Prevention. Disponível em: <http://www.unodc.org/unodc/en/prevention/prevention-standards.html>. Acesso em: 2 maio 2014.

LARANJEIRA, R.; PINSKY, I.; ZALESKI, M.; CAETANO, R. I. *Levantamento sobre os padrões de consumo de álcool na população brasileira*. Brasília, 2007. Disponível em: <http://goo.gl/ZEuuju>. Acesso em: 14 jan. 2014.

LIVRETO INFORMATIVO Sobre Drogas Psicotrópicas Cebrid/Senad, Brasília, 2011. Disponível em: <http://goo.gl/z1WIc7>. Acesso em: 14 jan. 2014.

MIDFORD, R. "Drug prevention programmes for young people: where have we been and where should we be going". *Addiction*. Londres, v. 105, 2009, pp. 1688-95.

PARRAT-DAYAN, S. *Como enfrentar a disciplina na escola*. São Paulo: Contexto, 2011.

PINSKY, Ilana; BESSA, Marco Antônio (orgs.). *Adolescência e drogas*. São Paulo: Contexto, 2004.

SAYAD, A. L. V. *Idade Mídia*: a comunicação reinventada na escola. São Paulo: Aleph, 2011.

SEIBEL, S. D. *Dependência de drogas*. 2. ed. São Paulo: Atheneu, 2010.

SLOBODA, Z. *Reconceptualizing Drug Use Prevention Processes Adicciones*, 2014, v. 26, n. 1. Disponível em: <http://www.adicciones.es/files/SLOBODA_EDIT.pdf>. Acesso em: 30 maio 2014.

SLOBODA, Z.; BUKOSKI, W. J . *Handbook of Drug Abuse Prevention*: Theory, Science and Practice. Estados Unidos: Springer, 2006.

SPOTH, R. et al. *Society for Prevention Research Type 2 Translational Task Force Members and Contributing Authors. Addressing core challenges for the next generation of type 2 translation research and systems*: the translation science to population impact (TSci Impact) framework. v. 14, n. 4, 2013, pp. 319-51.

STRASBURGER, V. C. *Crianças, adolescentes e a mídia*. 2. ed. Porto Alegre: Penso, 2011.

Sites

Associação Brasileira do Estudo do Álcool e outras Drogas
http://www.abead.com.br
Informações sobre drogas, cursos, seminários e congressos.

National Institute on Drug Abuse (Nida)
http://www.drugabuse.gov
Site do órgão do Departamento de Saúde do governo dos Estados Unidos.
É bastante completo e tem um link com informações para pais, educadores
e para estudantes e jovens. Disponibiliza material educativo para professores.
Em inglês e espanhol.

Easy-to-Read Drug Facts
http://easyread.drugabuse.gov
É vinculado ao site do Nida e o seu propósito é trazer informações mais
objetivas. Disponibiliza folhetos em PDF com informações sobre as principais
drogas de abuso. Em inglês e espanhol.

Unidade de Pesquisa em Álcool e Drogas
http://www.uniad.org.br
Site da Unidade de Pesquisa em Álcool e Drogas, vinculada à Unifesp
(Universidade Federal de São Paulo). Nele é possível obter informações
sobre álcool, tabaco e outras drogas, além de cursos e literatura especializada.

Australian Drug Foundation (ADF)
http://www.adf.org.au/
A Austrália tem várias iniciativas interessantes em prevenção ao uso de álcool
tabaco e outras drogas. A página centraliza informações sobre várias dessas
iniciativas. Em inglês.

Drug Info
http://www.druginfo.adf.org.au/index.php
Aqui é possível encontrar fatos e informações sobre vários tipos de drogas.
Tem um mecanismo de busca interno que facilita encontrar as informações
desejadas. Vinculado a ADF. Em inglês.

European Centre for Monitoring Alcohol Marketing (Eucam)
http://www.eucam.info/
Site do Centro Europeu de Monitoramento do Marketing do Álcool (Eucam,
na sigla em inglês) Aqui você encontra várias análises sobre as estratégias da
indústria do álcool na promoção de seus produtos. Em inglês.

Nida for Teens
http://teens.drugabuse.gov/
Site com informações sobre drogas para os jovens, mas também possui links
para pais e professores. Em inglês.

Grog Watch
http://grogwatch.adf.org.au/

Neste site você encontra muitas informações sobre o álcool. Você pode assinar a newsletter e receber novas informações periodicamente. Em inglês.

The Other Talk
http://theothertalk.org.au/
Mais um site vinculado a Australian Drug Foundation. Este é mais informal nas informações e no visual. Para pais e filhos. Em inglês.

Proerd
http://goo.gl/bulG35
Esse link está direcionado para o verbete *proerd* na Wikipédia. Além de informações mais completas sobre o programa da Polícia Militar, você encontrará links para as páginas do em outros estados do Brasil.

Pazinatto Consultoria Educacional
http://www.pazinattoeducacional.com.br
Aqui você tem várias informações sobre prevenção à drogas, sexualidade, *media literacy*. Em português.

Drug Free
http://www.drugfree.org/
Página de pesquisa e suporte para pais e adolescentes. Você pode assinar a *newsletter* e receber informações periódicas. Em inglês.

Observatório Brasileiro de Informações sobre Drogas (Obid)
http://www.obid.senad.gov.br/portais/OBID/index.php
Site vinculado à Secretaria Nacional Antidrogas (Senad). Aqui além de inúmeras informações sobre o tema, é possível fazer o download de cartilhas que podem ajudar a abordar o assunto com filhos e alunos.

Núcleo de Prevenção e Cessação do Tabagismo (PrevFumo)
http://goo.gl/eX4l11
Núcleo ligado à disciplina de Pneumologia da Unifesp (Universidade Federal de São Paulo). O serviço é gratuito e tem a duração de um ano.

Abaixo-assinado do Ministério Público de São Paulo
http://goo.gl/ocj16n
Neste link é possível imprimir o abaixo-assinado da campanha do Ministério Público de São Paulo, "Cerveja também é álcool".

Grupo de Estudos e Pesquisas em Educação Moral (Gepem)
http://www.gepem.org/site/
Página do Gepem, grupo vinculado a Unicamp (Universidade Estadual de Campinas) e a Unesp (Universidade Estadual Paulista). Ótima fonte de infor-

mação para quem quer saber mais sobre o desenvolvimento de um ambiente escolar participativo, respeitoso e eficiente.

Escritório das Nações Unidas Sobre Drogas e Crime
http://www.unodc.org/lpo-brazil/pt/drogas/index.html
Página em português do Escritório das Nações Unidas Sobre Drogas e Crime. Aqui é possível ter contato com as atividades desenvolvidas pelo UNODC e diversos materiais informativos.

Mentor Foundation
http://www.mentorfoundation.org
Página da ONG que desenvolve e auxilia projetos de prevenção em vários países. Em inglês.

Blog Suzana Herculano
http://www.suzanaherculanohouzel.com
Blog da neurocientista e professora da UFRJ Suzana Herculano.

Street Drugs
http://www.streetdrugs.org
Site de uma organização particular que divulga informações sobre drogas. Usa informações de organismos oficias de saúde dos Estados Unidos e de Universidades. Bastante atualizado. Em Inglês.

Projeto Periscópio
http://www.taruma.sp.gov.br/periscopio
Site do Projeto Periscópio, desenvolvido na cidade de Tarumã (SP).

Facebook

National Institute on Drug Abuse
http://www.facebook.com/NIDANIH

ONG norte-americana Mothers Against Drunk Driving (MADD)
http://www.facebook.com/MADD.Official

Associação Brasileira do Estudo do Álcool e outras Drogas
http://www.facebook.com/Abeadonline

Australian Drug Foundation
http://www.facebook.com/AustralianDrugFoundation

Observatório Europeu sobre Drogas
http://www.facebook.com/emcdda

Nida for teens
http://www.facebook.com/NIDA.Drug.Facts.Week

Centro de Pesquisa sobre Álcool e outras Drogas da Universidade Federal do Espírito Santo
http://www.facebook.com/cepadufes

Aliança do Controle do Tabagismo
http://www.facebook.com/ACTbr

Página oficial do Programa Educacional de Resistência às Drogas e à Violência (Proerd)
http://www.facebook.com/proerdoficial

Pazinatto Consultoria Educacional
http://www.facebook.com/PazinattoEducacional

Drugfree.org
http://www.facebook.com/partnershipdrugfree

UNODC (Escritório das Nações Unidas sobre Drogas e Crime)
http://www.facebook.com/unodc

Revista Addiction
http://www.facebook.com/AddictionJournal

Drugscope Centro Independente De Informações Sobre Drogas
http://www.facebook.com/drugscope

Twitter

@CPEDUC – Pazinatto Consultoria Educacional.

@Mentortweets – Fonte de informação sobre prevenção ao abuso de substâncias.

@CAMYJHU – Twitter oficial do Center on Alcohol Marketing and Young.

@HSM_AUS – Jovens ajudam outros jovens a evitar o consumo excessivo de álcool.

@MediaSmarts – Organização canadense que desenvolve estratégias com *media literacy*.

@AlcoholJustice – Grupo que monitora a indústria do álcool.

@drugnews – ONG que desenvolve trabalhos para evitar o abuso de drogas entre os jovens.

@DrugFreeTeens – Ajuda na prevenção do consumo de álcool por menores de idade.

@AlmanaqueDrogas – Twitter do livro Almanaque das Drogas.

@actbr – ONG que promove ações para diminuir o impacto do tabaco na sociedade.

@UNODC – Twitter oficial do Escritório das Nações Unidas sobre Drogas e Crimes.

@prevupdate – Ligado a Mentor Foundation. Informa sobre pesquisas, políticas e estatísticas no campo da prevenção.

@DrugScope – Twitter oficial do centro independente de informações sobre drogas.

OS AUTORES

Ilana Pinsky é psicóloga formada pela USP, doutora em Psicologia Médica pela Universidade Federal de São Paulo (Unifesp) e pós-doutora pelo Robert Wood Johnson Medical School – EUA. Professora afiliada do Departamento de Psiquiatria da Unifesp, é também pesquisadora sênior do Inpad (Instituto Nacional de Ciência e Tecnologia para Políticas Públicas do Álcool e outras Drogas) e fundadora do Ambulatório de Adolescentes da Uniad (Unidade de Pesquisa em Álcool e Drogas). É coautora dos livros *O alcoolismo* e *Crime, polícia e justiça no Brasil*, além de coorganizadora de *Adolescência e drogas* (todos publicados pela Contexto).

Cesar Pazinatto é especialista em dependência química pela USP, biólogo e educador. É orientador educacional e professor do Colégio Bandeirantes, além de consultor educacional da Escola Waldorf Rudolf Steiner e da See-Saw/Panamby Bilingual School, em São Paulo. Participou da implantação e desenvolvimento de programas de prevenção ao uso de drogas de diferentes colégios.

GRÁFICA PAYM
Tel. (11) 4392-3344
paym@terra.com.br